감사합니다 한국

개정판

감사합니다 천적

이케다 다이사쿠

조선뉴스프레스

이 책의 추천사를 부탁받고 처음에는 망설였다. 내가 존경하는 의인이자 시대가 낳은 인물로 손꼽히는 분에 대해 행여 결례가 되지나 않을지 걱정되었기 때문이다. 그러나 고심 끝에, 진실을 직시하고 인간이 가야 할 길을 걸어가는 분에 대한 존경의 마음을 지닌 한, 사소한 미진함도 양해될 것이라고 믿어 펜을 들게 되었다.

인간은 자신만을 위해서 살아가는 사람이 많다. 크든 작든 간에 나라를 위해, 어려운 사람들을 위해 살아가는 사람도 많다. 그러나 노력과 자비심 그리고 사랑으로 사람들을 위해, 세계를 위해 일하고 있는 사람은 아주 드물다. 나는 그런 분을 만났다. 1999년 일본을 방문했을 때 만나뵌 이케다 다이사쿠(池田大作) SGI 회장이 바로 그분이다.

이케다 회장은 일본이 한국에 끼친 과거사를 직시하고 일본 사회에 정언(正言)을 해왔다. 한국인이 흘린 피와 눈물에 함께 아파하면서 일본인으로서 진심으로 사과하고 싶어 했다. 나는 한국인 특유의 '정(情)' 때문인지 가슴 깊은 곳에서 말할 수 없는 충격과 감동을 느꼈다. 이케다 회장과 같은 인물이 삐뚤어진 일본 사회를 바로잡으려고 노력하는 한, 한국과 일본의 미래는 희망이 있다고 생각한다. 이 책은 한국의 아픔을 어루만지는 한 인간의 양심의 소리를 담고 있다. 가슴 절절히 전해오는 한국에 대한 사랑, 인간에 대한 사랑, 특히 인간의 외로움과 괴로움을 함께하는 사랑 바로 그것이었다.

이케다 회장은 일본 사회에 영향력 있는 일본인이면서도, 한국을 "문화대은(文化大恩)의 나라, 형님의 나라"라 부르며 고대로부터 일본에 문화를 전해준 한국에 은혜를 갚아야 한다고 주장해왔다. 안중근·안창호·이순신·유관순·한용운·윤동주 등과 같이 한국 사람에게만 친숙한 한국의 영웅을 일본뿐 아니라 전 세계에 알려왔다. 진실한 마음이 없는 사람은 그런 말을 할 수가 없다. 일본 사회에서 이런 행동은 보통의 용기로는 불가능하다.

이케다 회장이 한평생 걸어온 발자취는 비단 한국에만 국한되지 않았다. 전 세계를 무대로 문화·예술·학술 분야에서 활약해온 이케다 회장의 지향점은 바로 세계평화일 것이다. 그 바탕에는 인류애가 자리하고 있다. 이케다 회장은 냉전이 한창이던 1970년대, 옛 소련을 포함한 공산 진영과 서구 진영을 방문하여 각국 지도자를 만나 평화의 조류를 만들어왔다. 이로 인해 세계적인 평화주의자, 실천하는 평화운동가라는 호칭이 세계적인 식자들의 반응이다.

이 책을 읽고 나는 한국과 한국인을 뜨거운 인간애로 감싸온 이케다 회장의 진심 어린 마음을 다시 한번 느낄 수 있었다. 오랜 세월 한국의 상처에 진심으로 보답하기 위해, 올바른 역사관을 확립해오신 이케다 회장의 노고에 진심으로 감사드리며, 한일 간에 진정한 우호 관계가 형성되는 그날을 기다린다.

2012년 7월 3일
이수성 (前)국무총리

목차/

I

한일
우호

🌸 새로운 역사의 아침을

🌸 영원히 무너지지 않는 '한일 우호'의 큰 다리를

🌸 이곳이 적광토(寂光土)라는 신념으로 승리하라

🌸 단결이야말로 최대의 힘!

🌸 청년이 만대의 한일 우호를

새로운 역사의
아침을

진심으로 삼가 감사 인사를 드립니다. 이번에 삼성미술문화재단의 호암미술관과 중앙일보사가 많은 노력을 기울인 데다 문화부, KBS(한국방송공사), 일본대사관의 후원을 받아 '서양회화명품전'을 개최하게 되었습니다. 도쿄후지미술관 창립자로서 대단한 영광입니다.

삼성그룹의 이건희 회장, 삼성미술문화재단의 신현확(申鉉碻) 이사장을 비롯한 여러분께 충심으로 감사를 드립니다.

마침 오늘, 창간 25주년을 맞이한 중앙일보사의 김동익 대표이사를 비롯한 여러분, 진심으로 축하드립니다.

중앙일보사는 귀국의 위대한 전진을 매일매일의 '역사'로 만들어왔습니다. 저는 이 존귀한 발자취에 최대한 경의를 표합니다.

또 이어령 문화부장관을 비롯한 한국 문화계와 각계를 대표하시는 저명한 여러 선생님도, 바쁘신 가운데 참석해주셔서 대단히 감사합니다.

귀국은 일본에게 문화의 큰 은인입니다. 예로부터 '조용한 아침의 나라'의 문화가 내뿜는 광채가 얼마나 선명하게, 얼마나 풍부하게 일본의 여명을 빛내주었던가요. 저희가 소장한 서양 회화를 해외에서 처음 공개하는 것도 조금이나마 그 은혜를 갚을 수 있기를 바라는 마음에서였습니다.

이번에 출품한 74점 가운데 인상파를 대표하는 모네의 대작 '수련(睡蓮)'이 있습니다. 이 '수련'은 모네가 만년에 남긴 작품으로, 프랑스의 미술사가(美術史家) 르네

위그 씨와 이 작품에 대해 나눈 이야기를 떠올려봅니다.

위그 씨는 "20세기 초에 서양의 진보를 최고의 꽃으로 꽃피운 모네의 그림은 8~9세기 동양 회화의 세계관과 서로 깊이 통한다."고 지적했습니다.

천년의 세월을 넘어 동양과 서양의 미의 일치와 융합을 볼 수 있습니다. 이러한 점에서도 유구하고 심원한 미의 역사를 간직한 귀국에서 이번 미술전을 깊이 즐기며 감상해주시지 않을까, 하고 저는 기뻐하고 있습니다.

인류의 보물을 서로 공유하는 문화교류는 깊은 혼의 공명(共鳴)을 연주하면서 새 아침의 빛처럼 청신한 생명의 약동을 펼쳐가리라 믿습니다.

저는 소년 시절부터 언젠가 귀국을 방문해보고 싶다는 꿈이 있었습니다.

이러한 의미에서 오늘은 여러 선생님의 깊고 관대한 우정에 감싸여 귀국과 우호의 '제일보(第一步)'를 새기게 되어 감개무량합니다. 앞으로도 성심성의를 다해 양국의 '문화의 길'을 위해 진력할 것입니다.

여러분은 "첫술에 배부르겠습니까. 더욱더 서로 잘 사귑시다."라며 마음이 따뜻해지는 말씀을 건네주셨습니다. 여러분의 후의에 힘입어 다시 한번 귀국을 방문할 수 있기를 바랍니다.

마지막으로 이번 전시가 성공하기를, 그리고 위대한 귀국이 더욱 번영하고, 여러 선생님께서도 더욱더 활약하시기를 진심으로 기원드리며 저의 인사를 대신하고자 합니다.

- 1990년 9월 22일

서울에서 개최된 도쿄후지미술관 소장의 '서양회화명품전'.
SGI 회장이 방문하고, 한국이 처음으로 개최한 본격적인 서양미술전으로서
반향을 넓혔다. (1990년, 중앙일보 호암갤러리에서)

017

영원히 무너지지 않는
'한일 우호'의 큰 다리를

결국 '용기 있는 사람'이 승리한다

여러분 수고하십니다. 이번에 '한국'에서 '간사이'로 직행하게 되었습니다.(박수)

전국 동지들의 기원에 힘입어 한국에서 여러 행사를 성공적으로 마쳤습니다. 이번에는 교육 교류를 통해 '한일 우호'의 문을 활짝 열 목적으로 한국을 방문했습니다.

간사이에는 경애하는 재일동포가 많이 활약하고 계십니다. 삼가 보고드리며 감사의 예를 올립니다.(박수)

'한국의 간디'로 칭송받는 독립운동의 아버지 안창호 선생은 "세상에서 마음 편안하게 믿을 수 있는 동지가 있다는 것보다 더 큰 행복이 도대체 어디에 있겠습니까?"라고 했습니다. 《도산 안창호》— 이광수 저, 흥사단 본부 간행)

전 세계 어디에 있든 제 가슴속에서 신뢰하는 간사이 동지들을 떠난 적이 없습니다. 언제 어느 때나 간사이 벗들에게 제목을 계속 보내고 있습니다.

창가학회가 왜 승리했을까요? '용기'가 있었기 때문입니다.

1956년 5월, 유례없는 1만1111세대라는 절복을 성취한 것도 우리 간사이 창가학회의 '용기' 덕분이었습니다. 한국SGI 벗도 '용기'가 있었기에 승리했습니다.

"검(劍)이라도 부진(不進)한 사람에게는 아무 소용이 없다. 법화경의 검은 신심(信心)이 강성한 사람만이 소용되는 것이며"라는 유명한 성훈대로입니다.

용기가 신심의 '검'을 빛냅니다.

도다 선생님은 자주 이렇게 말씀하셨습니다.

"범부는 좀처럼 자비를 갖기 어렵다. 그러나 용기는 갖고 있다. 용기로 타인을 구해야 한다."

대성인은 어떠한 권력자의 탄압에도 물러서는 법이 없었습니다. 학회 정신도 마찬가지입니다.

어려움이 두려워 겁쟁이가 되어 퇴전하면 영원히 '무언가에 겁먹으면서' 살아가는 생명이 되고 맙니다.

어서에는 "매 앞의 꿩, 뱀 앞의 개구리, 고양이 앞의 쥐"라는 말씀도 있습니다. '용기'를 잃으면 최후에는 불행합니다. 난을 피하여 광선유포의 투쟁에서 멀어지면 멀어질수록 비참하고 가련한 모습이 됩니다. 그에 반해 여러분은 광선유포의 갖은 고초를 '용기'로 이겨냈습니다. 그 복운, 공덕은 무량하고 영원합니다. 실로 '장자(長者)'들입니다.

불법(佛法)은 '마음'입니다. '마음'이 어떠냐에 따라 결정됩니다.

광선유포의 '마음'이 있느냐 없느냐입니다. 그 엄한 '인과(因果)의 법(法)'이 불법입니다.

심혈을 쏟은 사업은 무너지지 않는다

한국에는 "공든 탑이 무너지랴."라는 유명한 속담이 있습니다. 정성을 다해 이룩한 사업은 무너지지 않는다는 의미입니다.

이번에 제가 예방한 경희대학교야말로 정성을 다해 구축한 위대한 '교육의 금자탑'이었습니다.

그렇기에 불과 반세기 만에 세계적인 대학으로 크게 발전했습니다.

저는 창립자이신 조 학원장 부부에게 말씀드렸습니다. "두 분은 참으로 목숨을 걸고 대학을 건설하셨군요."라고.

그러자 두 분은 편안하게 웃으시며 담담하게 "예, 대학에 목숨을 걸었습니다."라고 말씀하셨습니다.

이것이 '창립자'의 마음입니다.

무슨 일이든 '건설은 사투(死鬪), 파괴는 일순(一瞬)'입니다.

초창기 대학 경영이 얼마나 어려웠겠습니까. 그 노고도 있는 그대로 가족에게 말하듯이 제게 말씀하셨습니다.

학원장 부부는 몇 차례 삼엄한 시련을 이겨냈습니다. 그러므로 두 분은 현재의 경제불황에도 결코 비관하지 않았습니다.

학원장이 저술한 철학서에는 "주어진 고난에 도전하여 역경을 극복하고 살아가는 보람과 가치를 창조할 수 있다. 이것이 인생의 의의이고 역할이며 임무이고 사명이

다."라는 말이 있습니다. (《오토피아》)

힘들면 힘들수록 '웃는 사자(獅子)'의 정신으로 전진하자고 학원장께서는 유연하게 호소하셨습니다.

학원장 부부의 마음을 이어받아 경희대학교에는 훌륭한 후계의 인재가 모여듭니다.

한국의 격언에 "물이 깊어야 고기가 모인다."(물이 깊어야 물고기가 모이듯이 훌륭한 인격을 갖춘 사람에게는 자연스럽게 사람이 많이 모여든다.)고 했듯이 그대로입니다.

학원장도 인재를 모으고 육성하는 일에 진검승부를 걸고 계십니다. '평화의 지도자'를 육성하는 '평화복지대학원'에서는 학원장이 직접 대학원생 한 사람 한 사람을 면접하신다고 합니다.

각 조직의 리더들도 청년 훈도에 더욱더 온 힘을 다해 주시기 바랍니다.

사회에 공헌하는 풀뿌리 서민을 현창

　조 학원장은 세계대학총장회의의 종신 명예회장이시기도 합니다. 이른바 세계 교육계의 최고봉이십니다.

　현재 76세이신데, 정열적으로 그러나 겸허하고 진지하게 행동하고 계십니다. 올가을에는 남미의 칠레를 방문하실 예정이라고 들었습니다. 투쟁하는 인생은 영원히 젊습니다.

　또 조 학원장은 사회에 공헌하는 사람을 한 사람이라도 더 많이 현창하고자 하십니다.

　나가사키에서 피폭 여성의 평화에 대한 절규를 직접 들은 학원장은 어느 국제평화회의에서 이렇게 소개하셨습니다.

　"만약 제게 그 권한이 허락된다면, 인류의 평화를 위해 (중략) 가치 있는 교훈을 이야기하는 (중략) 이 피폭 여성에게 '인류 최고의 평화대상'을 안겨드리고 싶습니다."

가장 다기차고 가장 노고해온 풀뿌리 서민을 현창하고 싶다는 자부(慈父)의 마음이십니다.

이번에 제 아내가 조 학원장이 총재로 계신 '밝은사회 국제클럽'에서 영예로운 '에메랄드상'을 받았습니다. 저도 아내도 '이 상은 창가학회 부인부의 승리의 상징'이라는 생각으로 삼가 받았습니다.

한국의 아름다운 격언에 "하룻밤에 만리장성을 쌓는다."는 말이 있습니다. 설령 짧은 시간의 만남이라도 변함없는 우정을 맺을 수 있다는 뜻입니다.

이번 방문도 짧은 기간이었지만, 조 학원장 부부를 비롯한 관계자 여러분, 그리고 많은 분의 진심에 감싸여 한일 우호라는 '장성(長城)'의 건설에 착수할 수 있었습니다. 이 우정의 장성을 21세기에도 더욱더 반석같이 구축하고 싶습니다.

세계는 모두 친구! 평화와 행복을 바라는 마음으로

역사상 불법(佛法)이 한국에서 일본으로 전해졌을 때, 일본에서는 '타국의 불법을 버려라' 하고 배척론이 들끓었습니다. 이 역사적인 사실은 어서에도 씌어 있습니다.

니치렌 대성인은 항상 어떤 나라 사람이건 '일체중생을 구하자'는 대자비를 품고 계셨습니다.

가마쿠라 막부가 비도(非道)하게도 몽고의 사신 5명을 참수하자, 대성인은 통렬하게 간언하셨습니다. 사신 중에는 몽골인 외에 고려인, 중국인, 터키인도 있었습니다.

대성인은 이렇게 말씀하셨습니다.

"대명(大名)을 꾀하는 자는 소치(小恥)에는 부끄러워하지 않는다고 하여, 남묘호렌게쿄(南無妙法蓮華經)의 칠자(七字)를 일본국에 넓히고 진단(震旦) 고려에까지도 미치게 하려는 대원(大願)을 품고 그 소원이 이루어지려는 조짐이리라. 대몽고의 첩장(牒狀)이 빈번히 있어 이 나라 사람마다의 커다란 슬픔으로 보입니다. 니치렌 또한 일찍부터 이 일을 생각했으니 염부(閻浮) 제일의 고명(高名)이로다."

― '크나큰 고명(高名)을 꾀하는 자는 작은 치욕 등을 상대하지 않는다'고 한다. (니치렌은) 남묘호렌게쿄(南無妙法蓮華經)의 일곱 자를 일본에 넓히고, 진단과 고려에까지도 미치게 하려는 대원(大願)을 품었다. 그 소원이 이루어지려는 조짐일까. 대몽고국에서 국서(國書)가 빈번히 있어 이 나라 사람들 모두의 큰 슬픔이 되고 있다. 니치렌은 또 이전부터 이 일을 예측하고 있었다. 세계 제일의 고명이다.

대성인은 전 세계를, 이 지구를 대우주에서 내려다보는 것과 같은 대경애(大境涯)이셨습니다. 그리고 전 인류에게 묘법이라는 '행복의 비법(秘法)'을 가르쳐주고 싶다는 대자대비이셨습니다. 작은 섬나라의 작은 싸움 등은 안중에 없었다고 배견됩니다.

얼마 전, 몽골의 국가원수로서는 사상 처음으로 바가반디 대통령 부부가 일본을 방문하셨습니다. 영광스럽게도 바가반디 대통령 부부는 바쁘신 가운데 일부러 소카대학교(創價大學校)를 방문해주셨습니다. 제가 한국으로 출발한 그날입니다. 실로 의의 깊은 역사가 되었습니다.

더욱이 대통령 영부인은 4월에도 교토에 있는 기누가사회관을 방문하여 간사이 학원생들과 교류하셨습니다.

여하튼 학회는 존귀한 이웃 나라인 한국을 비롯하여 전 세계에 벗이 있습니다. 대성인 직결이라는 긍지와 자신감을 갖고 나아가기 바랍니다.

- 1998년 5월 20일

미래를 짊어질 청년들이야말로 희망의 존재. (1994년, 아시아청년평화음악제)

이곳이
적광토(寂光土)라는 신념으로
승리하라

사자(獅子)의 마음으로 섬을 지킨다

홋카이도에서 오신 여러분, 먼 곳에서 참으로 잘 오셨습니다!

한국의 영광과 번영을 기원하는 뜻에서 함께 만세 삼창을 하고 싶은데 어떻습니까.(찬성의 큰 박수)

방금 정종태 군수로부터 훌륭한 인사 말씀이 있었습니다.

아름답기로 이름난 '신비와 낭만의 섬' 울릉도의 해안은 절벽이 병풍처럼 솟구쳐 천연의 절경을 이루고 있습니다. 무수히 많은 흰 갈매기가 무리를 지어 하늘을 날고, 넓고 푸른 바다에는 수많은 바위가 위엄 있게 늘어서 있습니다. 생각해보면 도다 선생님의 고향인 홋카이도 아쓰타무라의 해안도 놀라울 정도로 웅장한 모습이었습니다.

울릉도의 명소 중 하나로 '사자바위'라는 유난히 늠름한 바위가 폭풍이 몰아치는 바다에도 유연하게 솟구쳐 있습니다. 왜 '사자바위'라는 이름이 붙여졌는가. 일설에는 다음과 같은 전설이 전해진다고 합니다.

아주 먼 옛날, 울릉도에는 사자를 비롯한 여러 종류의 짐승이 살고 있었습니다. 어느 날 수염이 허연 노인이 나타나 짐승들에게 알렸습니다.

"이 섬은 며칠 내에 허허벌판이 될 것이니 곧장 다른 장소로 도망가라!"

화산이 폭발한다는 예언이었습니다. 삽시간에 동요(動搖)가 확산되었습니다. 보통이라면 뽐내고 있을 호랑이를 비롯하여 늑대와 족제비 등 많은 짐승이 겁을 먹고는 앞다투어 도망치려 했습니다.

그러나 사자만은 모든 짐승을 다 피난시키고 난 뒤에도 혼자 유연하게 섬에 남았습니다.

"나는 가지 않겠다! 도망칠 필요가 없어. 나 혼자라도 고향을 끝까지 지키겠다!"

사자의 마음은 긍지로 가득 차 있었습니다. 사자의 마음은 흡족했습니다. 그리고 사자는 사랑하는 섬을 위해 목숨을 던졌습니다. 그 혼이 견고한 바위가 되어 지금도 울릉도를 지키고 있다는 전설입니다.

이 '사자의 마음'을 노래한 아름다운 시가 있습니다.

모두 떠나도 나는 남으리. 나만 남아 섬을 지키리
고향을 버리고 어디로 가겠는가
설령 죽고 죽어 화석이 될지라도

나는 섬에서 떠나지 않으리

억만년을 살아

억만년을 지켜가리

〈울릉도의 전설·민요〉

이것이야말로 수많은 고난에도 굴하지 않고 훌륭한 울릉도를 구축하고 지켜오신 존귀한 선인(先人)들의 마음일 것입니다.

그리고 지금 사자가 되어 울릉군을 지키는 정 군수의 숭고하고 사심 없는 신념이라고 저는 삼가 짐작합니다.

한일 민중이 펼치는 새로운 문화 교류를

진심으로 존경하는 정종태 군수 내외분, 존경하는 이중철 의장 내외분 그리고 일행 여러분, 저는 최대의 긍지로서 '명예군민칭호'를 삼가 받았습니다. 진심으로 감사

합니다.(박수)

오늘은 아름다운 카리브해에서도 '도미니카의 영웅'
이 오셨습니다. 도미니카공화국SGI의 명예이사장과 지
부참여 두 분입니다. 참으로 잘 오셨습니다.(박수)

우리 창가학회도 '사자(獅子)의 단체'입니다. 따라서
'거짓말쟁이 너구리'나 '교활한 여우' 등은 절대로 있을
수 없습니다.

특히 오늘 이 '마키구치 선생님의 전당'에 모이신 홋카
이도의 소중하고도 소중한 우리 벗은 3대에 걸친 창가
학회 회장과 가장 연이 깊은 동지입니다.(큰 박수)

원래 오늘 행사는 15일에 거행할 예정이었습니다. 그
러나 저는 심각한 불황 속에서 다기지게 싸우고 계시는
홋카이도 여러분과 이 영예를 나누고 싶다는 마음으로
군수께 부탁하여 오늘로 날짜를 변경했습니다.(박수)

방금 정종태 군수의 철학적인 스피치에도 있었듯이 '서민이 주체가 되고 민중이 중심이 되어 새로운 문화 교류를 하는' 일은 매우 중요합니다.

이번에 기쁘게도 김대중 대통령께서 일본을 방문하여 역사적인 대성공을 장식했습니다. 그때 '21세기 한일 파트너십'을 위한 민중 교류의 중요성을 다시금 확인했습니다. 그런 의미에서도 정종태 군수가 일본을 방문해 양국의 '지역'과 '지역'이 우호를 맺는다는 것은 실로 중요하다고 생각합니다.(박수)

신세기의 행복섬 ─ 울릉도와 홋카이도

정종태 군수 일행은 어제(16일) 하치조 섬에 있는 연수도장을 방문하셨습니다. 울릉도는 하치조 섬과 거의 같은 크기입니다.

저는 이번 교류를 통해 전국 250개의 섬에서 거룩할

정도로 활약하는 낙도(落島)의 여러분과 함께 기쁨을 나누고 싶습니다.(박수)

'울릉(鬱陵)'이란 한자는 매우 어렵습니다. '나무가 울창하게 우거진 큰 언덕'이라는 뜻처럼 풍부한 수목에 둘러싸인 섬입니다.

우리 홋카이도도 '우주에서 녹색으로 빛나는 섬'이라고 일컫습니다.

또 울릉도는 한국에서 눈이 가장 많은 지역이며, 겨울철에 투쟁해야 하는 것은 홋카이도 여러분과 마찬가지입니다.

더욱이 울릉도는 '도둑', '거지', '뱀' 세 가지가 없고, '향나무', '바람', '미인', '눈', '오징어' 이렇게 다섯 가지가 많다고 하여 '삼무오다(三無伍多)'로 유명합니다.(국립국어원)

특히 '미인'이 많다는 점에서 홋카이도와 일치한다고

말하는 사람도 많습니다.(폭소, 큰 박수)

게다가 울릉도를 대표하는 '향나무'는 이곳 마키구치 기념정원에 있는 도다 선생님의 흉상 바로 옆에도 심어져 있습니다.

울릉도야말로 한국의 국민 대부분이 한 번은 방문하고 싶은 '마음속에 살아 있는 섬'이라고 합니다. 일본의 홋카이도 또한 마찬가지라고 말씀드리고 싶습니다.(박수)

제가 대담한 토인비 박사도 홋카이도를 '희망의 섬'이라고 불렀습니다.

'신세기 행복의 섬'인 울릉도와 홋카이도의 우정을 축하하는 뜻에서 우리 모두 정종태 군수 일행에게 성대한 박수를 보내드립시다.(박수)

정 군수의 모토 가운데 하나는 '민중에게 봉사하는 성실한 정치'입니다. 이 얼마나 훌륭한 마음입니까.

정 군수께서는 그 모토대로 언제나 혜택받지 못한 분들의 집을 돌면서 계속 격려하십니다. 또한 나이 드신 분들의 생신날에 직접 참석하여 축하해드리고, 노인정을 방문하여 보살피는 등 진심을 다하시는 것으로도 명성이 높습니다.

'대중 속에서 살아가고', '대중을 위해 일한다'는 참으로 모범적인 대지도자이십니다.

니치렌불법(日蓮佛法)에서 '섬'은 큰 위치를 차지하고 있습니다.

당시 권력은 위대한 '정의(正義)의 사자(獅子)'이신 대성인을 질투하고 미워하여 말살하고자 했습니다. 그리고 멀리 떨어진 섬으로 유배를 보냈습니다.

그곳은 울릉도와 하나의 바다로 연결된 사도(佐渡) 섬이었습니다. 니치렌 대성인은 그 섬을 무대로 하여 생명

철학을 당당하게 실험하고 증명하셨습니다.

　화려한 궁전과 같은 장소가 아니라, 바람이 휘몰아치는 유배지에서 대성인은 불법을 행하여 증명하셨습니다.

진실된 불법도, 정치도 세심한 자애가 생명

　한국이 일본에 전해준 '법화경'은 '우주대의 장엄(莊嚴)한 보탑(寶塔)'을 설합니다.

　사도 섬에 사시는 한 분(아부쓰보)이 "그 거대한 보탑은 도대체 무엇을 의미하는 것입니까?"라고 대성인에게 질문했습니다.

　그 질문에 대성인은 "당신의 생명 그 자체가 가장 존귀한 '보탑'입니다." 하고 답하셨습니다.

　'이 우주에서 생명 이상의 보배는 없다. 인간 한 사람 한 사람 속에 최고로 존귀한 보배가 있다. 무언가로 장식하는 것이 아니라 자애로써 사람들에게 진력하는 생명

이야말로 아름답다.' ― 그것이야말로 '무상(無上)의 보배'입니다.

또 이 생명에 '무량(無量)한 복덕(福德)'이 갖춰져 있습니다. 그것을 알면 보배를 밖에서 구하고자 천하게 욕심낼 필요 따위는 조금도 없습니다.

또 어떤 사정으로 당시 수도에서 사도 섬으로 유배된 지식인(사이렌보)이 있었습니다.

화려한 도시생활에서 동떨어지게 된 그 지성파(知性派)에게 대성인은 묘법을 수행하는 그 장소가 그대로 '상적광토(常寂光土)'라는 심원한 철학을 가르치셨습니다.

'저곳이 더 좋다', '저 사람이 부럽다'는 것이 아닙니다. '자신이 있는 곳이 '최고의 보처(寶處)'다! 이렇게 정한 사람은 그 어떤 것도 두렵지 않다.' ― 이것을 알면 영원한 승리자입니다.

이렇게 정하고 기쁜 마음으로 용감하게 ― 좋은 의미

로 포기하고(폭소) '자기 사명의 대지'에 뿌리를 내리고 보람과 만족 그리고 신념을 갖고 사시기 바랍니다.(박수)

더욱이 대성인은 자녀가 없는 노부부(고우 입도 부부)에게는 "아무쪼록 저를 자식으로 생각하십시오." 하고 따뜻하게 격려하셨습니다. 이것이 바로 참된 불법자(佛法者)의 모습입니다.

세심한 자애, 인간애에 참된 불법이 있습니다. 참된 정치의 생명도 그곳에 있지 않겠습니까.

정 군수와 함께 향토의 발전을 위해 진력하는 분들이 우리 한국SGI의 울릉지부 150명 여러분입니다. 오늘은 이사장과 함께 지부장이 대표로서 참석했습니다.(박수)

악을 꾸짖지 않으면 무자비

한국에 이런 잠언이 있습니다. "어떤 마을에나 무뢰한

이 한 사람은 있는 법이다."

　모두 선인(善人)이 될 수는 없습니다. 그러면 그러한 악인을 어떻게 대처해나가는가.

　마찬가지로 한국의 잠언에 "미친개에게는 몽둥이가 약"이라는 말이 있습니다.

　즉 '미친개와 같은 인간은 철저하게 징벌하는 수밖에 없다.'는 의미겠지요. 이와 같은 의연한 마음을 배우고 싶습니다.

　대성인도 섬에서 의연하게 싸우는 여성 리더(센니치니)에게 이렇게 가르치셨습니다.

　"말함으로써 죄를 면할 것을 보고 들으면서도 버려두고 훈계하지 않는 것은 안이(眼耳)의 이덕(二德)이 당장에 깨어져서 대무자비(大無慈悲)이니라." — 꾸짖으면 죄를 면할 수 있는데도 (악을 보고 듣고서도) 방치하여 꾸짖지 않는다면 눈과 귀의 덕(德)은 곧장 잃게 되어 대무자비가 되고 만다.

그러므로 외칠 때는 외쳐야 합니다.

성훈에 "그들은 야간(野干)이 짖는 것이고 니치렌의 일문(一門)은 사자(師子)가 짖는 것이로다."라는 말이 있습니다.

우리 홋카이도 창가학회는 영원히 이러한 기백으로 나갑시다!(큰 박수)

11월에는 '홋카이도청년평화음악제'가 열립니다. 축하합니다.(박수)

4000명이나 되는 출연자 대부분이 20대라고 들었습니다. 훌륭합니다. 보배와 같은 한 사람 한 사람을 소중히 해주십시오.

내일은 니가타에서 '청년평화음악제', 돗토리에서 '청년부 음악제'가 열릴 예정입니다.

더욱이 내일 홋카이도의 기타삿포로 장년부도 힘차게
음악제를 열 예정이라고 들었습니다. 축하합니다!(박수)

한국에서 오신 여러 선생님, 오늘 참으로 감사합니다.
한국 만세! 한일 우호 만세!

(도쿄마키구치기념회관)

— 1998년 10월 17일

단결이야말로
최대의 힘!

전원이 중요한 사명을 지닌 '주인'

바쁘신 가운데 먼 길을 참으로 잘 오셨습니다.

오늘은 한국SGI 여러분의 영원한 행복과 전진을 기원하며 약간의 스피치를 하겠습니다.(박수)

'한민족 독립의 아버지' 안창호 선생의 말에 이런 내용이 있습니다.

"자네도 일하고 나도 일하자."

"자네도 주인이 되고 나도 주인이 되자."《도산 안창호》

― 이광수 저)

인간에게는 '위'도 '아래'도 없다. 모두 평등하다. 모두 중요한 사명을 지닌 '주인'이다 — 라고.

안창호 선생은 이렇게 단언했습니다.

"단결한 각자가 단(團: 조직)을 사랑하고, 단우(團友: 그 조직의 벗)를 사랑하고, 단의 지도자를 사랑하고, 단의 건물과 기구를 사랑하는 것 — 그것을 마치 자기 것처럼 사랑함으로써 비로소 단결이 시작되고 최대한 힘을 발휘해 영원한 생명을 누린다."

더욱이 선생은 이렇게도 말했습니다.

"누군가 동지의 '정의(情誼: 친밀감)'를 이용하여 나를 속이는 일도 있을 것이다."

그러나 "그 사람이 나를 속여도 나는 그 사람과 맺은 동지의 의(義)를 지키리라."

"세상에 마음 편히 믿는 동지가 있는 것보다 더 큰 행복이 대체 어디에 있겠습니까?"

신뢰할 수 있는 동지가 있다는 것이 '최대의 행복'입니다. 단결이야말로 '최대의 힘'입니다.

성훈에 "이체동심(異體同心)이면 만사(萬事)를 이루고" — (니치렌의 일문은) 이체동심이었기에 사람들은 적지만 대사를 성취하여 (반드시 법화경이 넓혀지리라 생각하오) — 라는 말씀대로입니다.

그러므로 여러분은 '단결 제일'로 사이좋게, 어디까지나 사이좋게 전진하기 바랍니다.

한반도에서 불교가 전래

한반도에서 일본으로 불교가 전래된 때는 '538년' 혹은 '552년'이라고 합니다.

당시 한반도는 고구려, 백제, 신라로 이루어진 '삼국시대'였습니다. 일본은 '야마토 시대'였습니다.

니치렌 대성인은 《일본서기》의 "552년 10월, 백제의 성

명왕이 금동 불상·경론(經論) 등을 일본으로 보냈다."는 기록을 토대로 '552년설(說)'을 취하셨습니다.

한반도에서 불교가 전래될 무렵, 일본에서 이를 적대하던 세력은 모조리 멸망했습니다.

대성인은 그 일을 이렇게 말씀하셨습니다.

"석가불은 상벌(賞罰)이 올바른 부처이니라."

그리고 "(백제에서 불교가 전래되었을 때, 불교를 적대한 세력은) 석가여래(釋迦如來)의 적이 되시어, 금생(今生)은 헛되었고 후생은 악도(惡道)에 떨어졌다."고 말씀하셨습니다.

그런데 불교를 받아들이는 데 공로를 세운 소가(蘇我) 일족도 최후에는 모두 멸망하고 말았습니다. 그 이유는 무엇일까요?

여기에 중대한 역사적 교훈이 있습니다.

이 점에 대해 대성인을 이렇게 말씀하셨습니다.

"나의 일문(一門)의 사람들 중에도 신심도 얕고, 니치렌이 말하는 것을 위배하면 소가(蘇我)처럼 되리라."

〈소가 일문이 멸망한 이유에 대해 대성인은 다음과 같이 말씀하셨다.

소가 씨는 모노노베 씨 부자(父子)를 없앴다. 그로 인해 커다란 세력을 가진 것은 오직 소가 일문뿐이었다. 지위도 오르고 나라도 지배하게 되었으며, 일문이 번영했기 때문에 교만 방자하고 우쭐거리는 마음을 일으켰다.〉

무엇에도 분동하지 않고 대성인이 말씀하신 대로 '광선유포(廣宣流布)의 신심(信心)'을 관철하는 일이 중요합니다. 어디까지나 '니치렌과 같은 마음'으로 전진해야 합니다.

에도시대, 당시 한반도에서 문화사절단이 일본을 방문했습니다. 유명한 '조선통신사'입니다.

15세기(무로마치시대)에도 일본을 방문했지만, 도요토

미 히데요시의 '조선 침략'으로 단절되었습니다. 이에 도쿠가와 이에야스는 외교정책을 필두로 한반도와의 관계 수복에 착수했습니다.

이에야스는 "일본과 조선이 평화를 맺는 것, 예로부터 이어진 길이니라." "나라끼리 친교를 맺는 것은 서로 두 나라를 위함이니라."라고 하며 한반도와의 평화협상에 전력을 다했습니다. 그리하여 에도시대인 1607년부터 1811년까지, 조선 사절단은 총 12차례에 걸쳐 일본을 방문했습니다.

쇄국정책을 펴던 막부는 네덜란드 등을 '통상(通商)의 나라'로 했는데, '상업 교류를 중심으로' 했습니다. 그러나 한반도에 대해서는 '통신(通信)의 나라' 즉 '마음을 통하게 하는 나라'로서 파격적인 대우로 맞이했습니다. 그 결과 한반도와 우호적인 선린(善隣)외교를 실현했습니다.

이런 이에야스의 '혜안(慧眼)'이야말로 도쿠가와 막부가 오랫동안 번영한 원인이라고 할 수 있습니다.

조선통신사 등 다채로운 문화 교류

조선통신사는 규슈 쓰시마에서 오사카까지는 '해로(海路)'로, 오사카에서 에도까지는 '육로'를 통해 나아갔습니다. 통신사는 쓰시마와 오사카를 비롯한 각지의 민중으로부터 대단한 환영을 받았습니다.

오카야마에서는 통신사의 여독을 풀어주기 위해 아이들이 조선말을 배워서 말상대를 하거나 춤을 추기도 했습니다.

통신사 중에는 지위가 높은 문인이나 학자, 서화가 등이 많았습니다. 각지를 방문하면서 일본 학자나 문인 등과 한문이나 한시를 써서 교환하거나 그림을 그리는 등 다채롭게 문화를 교류했습니다.

이러한 교류를 통해 일본은 한반도에서 유학, 회화, 공예, 악기 등과 같이 앞선 문화와 기술을 배웠으며, 한반도의 서적도 아주 많이 들여왔습니다.

저도 만나뵌 적이 있는 이어령 박사(한국의 전 문화부장관)는 '조선통신사'를 비롯한 문화 왕래가 에도시대의 일본을 '무력주의'에서 '문화주의'로 바꾸었다고 고찰했습니다.

구체적인 예로, 세키가하라 전투 때 일본에 조총 10만 정이 있었던 사실을 언급했습니다. 10만 정이라고 하면 당시 '유럽에 있는 모든 조총'을 모은 것보다 많은 숫자입니다.

그런 일본이 에도시대에는 조총을 버렸습니다. 그것은 막부가 '문화주의', '교양주의'에서 살아가는 길을 찾아냈기 때문이었습니다. 칼이나 조총을 쓰지 않고도 '문(文)의 힘'으로 나라를 다스릴 수 있다고 확신했기 때문입니다.

그 배경에 한반도와의 문화 교류가 있었다고 지적하셨습니다.

니치렌 대성인은 "일본국은 그 이국(二國)의 제자이니"라고 명확하게 말씀하셨습니다.

그 두 나라는 귀국과 중국입니다.

한국은 일본에게 '문화대은(文化大恩)'의 '형님의 나라'입니다. 또 '스승의 나라'입니다. 일본은 그 대은을 짓밟고 귀국을 침략했습니다.

그러므로 저는 영원히 귀국에 속죄할 것입니다. 최대의 예(禮)를 다하여 영원히 귀국과 우정을 맺고 귀국의 발전을 위해 진력할 결심입니다. 그것에 비로소 일본이 올바르게 번영하는 길도 있다고 확신합니다.(박수)

SGI는 지금까지 세계와 우호를 맺어왔으며, 사이좋게

지내왔습니다. 또 세계에 공헌해왔습니다. 그리하여 오늘날 SGI의 크나큰 흥륭(興隆)이 있다는 사실을 알아주시기 바랍니다.(박수)

- 2000년 5월 19일

056
/

후쿠오카 연수도장 내에 있는 '한일 우호의 비'.
1999년, 한국 '스승의 날'에 즈음하여 5월15일 제막했다.

Ｉ 한일우호

청년이 만대의
한일 우호를

한국의 명문 국립 제주대학교의 조문부 전 총장과 제가 대담한 내용을 교육전문지 〈등대〉에 연재하게 되었습니다. 제목은 '평화와 교육의 보배의 다리 — 한일의 만대 우호를 위해'입니다.

지금 일본의 국가주의가 다시 고개를 드는 것을 깊이 우려하고 있습니다. 후세에게 진실한 역사를 전하고, 21세기 한일 신시대를 열어야 합니다.

저는 한국을 대표하는 대교육자이자 신념의 지성이신 조문부 박사와 함께 평화와 교육과 문화의 관점에서 '진정한 우호의 길'을 조명하고자 합니다.

저는 대담 첫머리에서 "'진지하게 과거를 주시하는 것'은 '진지하게 미래에 맞서는 것'과 같은 뜻이라 생각합니다." 하고 말했습니다.

"잘못된 역사인식이 지금까지도 뿌리 깊게 자리 잡고 있기 때문에 질과 양에서 그것들을 훨씬 능가하는 '바르고 진실한 역사관에 선 평화교육'을 반드시 추진해야 합니다."

허위와 사악한 폭론에 대해서는 그것을 압도하는 '진실한 언론', '정의로운 언론'을 갖고서 의연하게 싸워 타파해야 합니다.

미국의 사상가 에머슨은 이렇게 말했습니다.

"인간이 회의(懷疑)와 허위의 어둠 속에서 헤매고 있다. '진리'의 빛은 꺼져버리거나 희미하게 불타는 것에 지나지 않기 때문이다. 자, 불길이 다시 타오르도록 연료를 보급하지 않겠는가! 먼 곳까지 비추는 표지가 되어 불타

올라라. 세계가 밝아질 때까지."

'바른 언론'이야말로 '세계의 빛'입니다.

'광복의 날' 8·15

대담에서는 1945년 8월 15일을 어떻게 맞는지에 대해서도 화제가 되었습니다.

일본에게는 '종전의 날', '패전의 날'이지만, 일본에 유린당한 한국에게 이날은 '광복절'입니다. 악역무도한 지배에서 벗어난 '해방의 날'이며 주권을 회복한 '승리의 날'입니다.

그렇기 때문에 일본은 해마다 돌아오는 8월 15일을 과거 군국주의의 잘못을 진심으로 반성하고, 아시아 분들에게 칭찬받을 수 있도록 맞아야 합니다.

이 '광복의 날', 조문부 박사는 초등학교 4학년이었습니다.

이때 품은 의문이 '인류 사회에 대한 문제 제기'가 되어 학문의 길을 걸어가는 계기가 되었다고 박사는 회상했습니다.

박사는 이렇게 말씀하셨습니다.

"저는 문명에서 '승리'의 개념 그 자체를 새롭게 할 필요가 있다는 결론에 도달했습니다.

20세기, 군사 중심의 시대에 생각했던 '승리'의 개념과 지금부터 펼쳐질 21세기에 추구해야 할 '승리'의 개념을 명확하게 구별해야 한다고 생각합니다.

즉, 과학기술의 발달이 가져온 무기와 병기로 상대를 협박해 굴복시키는 것이 아니라, 자애로 상대의 마음에 깊이 호소해 공감을 얻어내고, 더불어 인류로서 올바른 길을 걸어가도록 하는 것이 앞으로의 시대가 요구하는 것입니다."

마키구치 선생님의 '인도적 경쟁'이라는 이념과 상통

하는 탁견입니다.

지난 8월 13일, '한일 우호'의 마음을 품고 제주대학교에서 연수를 받고 있는 소카대학교와 소카여자단기대학 학생들에게서 기쁨과 감사의 보고가 왔습니다.

이날 전 총장이신 조 박사께서 바쁘신 가운데도 약 3시간 동안 점심식사와 함께 간담할 기회를 주셨다고 합니다.

학생들에게는 생애 잊을 수 없는 '황금 같은 추억'이 되었습니다.

저는 창립자로서 조 박사에게 진심으로 감사드리며, 국가를 초월해 청년을 사랑하고 육성하시는 위대한 인간 교육자의 자애에 감동을 금할 길 없습니다.

〈조 박사는 이렇게 말했다.

"소카대학교 학생 여러분은 이케다 선생님의 '마음'을 일본에 넓히기 바랍니다. 그것은 일본인을 위한 일이기도 합니다. 세계의 모범이 되는 삶의 길을 걸어가시는 이케다 선생님이 일본인이라는 사실 자체가 일본을 세계에 선양하는 일이기 때문입니다."

"소카대학교 학생 여러분은 이케다 선생님 덕분에 세계 어느 곳에 가더라도 모든 사람에게 감동을 전해줄 수 있는 '마음'을 배우고 있습니다.

이제 소카대학교 학생이 또 졸업생이 시대를 움직일 때가 왔습니다. 저는 제주대학교 학생과 소카대학교 학생의 교류를 통해 그 '마음'이 한국에도 전해지기를 염원합니다.

그 '마음'이란 무엇인가. 그것은 '인간애와 격려'입니다.

'무기'로 사람을 움직이는 시대는 이미 20세기 중반에 끝났습니다.

앞으로는 인간애로써 사람을 움직이는 '인간주의 시대'입니다. '자애'로 사람을 움직여야 합니다."〉

– 2001년 8월 19일

Ⅱ
에세이

한국의 봄

이번에는 명문 경희대학교의 초청을 받아 소카대학교 창립자로서 방한했다.

5월 15일에는 영광스럽게도 경희대학교가 수여하는 명예 철학박사 학위를 받았다.

또한 16일에는 이 대학의 창립자인 조영식 박사가 총재를 맡고 계신 '밝은사회국제클럽'이 내 아내에게 에메랄드상을 수여했다.

이러한 후의와 영예에 진심으로 감사드리면서 한일 우호의 '보배다리'를 겹겹이 놓아갈 것을 나는 더욱 굳게 결의했다.

한국전쟁이 한창일 때 스승인 도다 선생님은 한국 민중이 큰 고뇌를 겪는 것을 아시고 매우 마음 아파하셨다.

"탄식하며 슬퍼하는 사람들의 소리가 들리지 않는가. '문화대은의 나라'의 민중을 누가 구할 것인가!"

선생님의 비통한 외침이 지금도 내 귓가에 메아리친다.

그런 선생님의 마음을 내 마음으로 삼아, 나는 한일 우호와 교류의 다리를 놓겠다고 결의했다.

내가 명예박사 학위를 받은 5월 15일이 한국에서는 '스승의날'이라고 들었다.

제자가 스승에게, 학생이 선생님에게 감사를 표하는 날이라고 한다. 예의를 중시하고 스승을 소중히 하는 한국의 국민성을 칭송하지 않을 수 없다.

나도 이 영예를 스승인 도다 선생님에게 보은하는 마음으로 바치고 싶다.

우정의 첫걸음은 진실을 아는 데 있다.

일본인은 이웃 나라 한국을 너무 모른다. 아니 알려고 하지도 않는다. 나는 이전부터 이대로는 신뢰도 우정도 싹틔울 수 없다고 우려했다.

장래를 위해 젊은 세대에게 한일의 진실한 역사를 전해주어야만 한다고 통감했다.

그리고 1965년 한일기본조약이 맺어지고 이듬해 1966년 1월, 나는 고등부 부원회에 참석한 수천 명의 고등학생에게 이렇게 말했다.

'한국의 잔다르크'라고 일컫는 여학생 유관순의 이야기이다.

1919년, 일본의 과혹한 지배에 저항하여 한국 민중이 일어선 '3·1독립운동' 때 유관순은 체포되어 옥중에서 산화했다.

최후까지 한 발짝도 물러서지 않고 "대한 독립 만세!"라고 계속 외치면서 죽어간 숭고한 그녀의 인생에서 나는 '정의'와 '사람으로서 지켜야 할 도리'를 살아가는 청정하고 용감한 '한국의 혼'을 강하게 느꼈다.

유관순 이야기는 일본의 젊은 청년들의 가슴에 선명하고 강렬하게 새겨졌다.

이러한 '한국의 혼'을 가장 소중히 해온 사람이 우리 한국SGI(국제창가학회) 여러분이다.

멤버들은 사랑하는 동포의 마음에 '행복과 평화'를 실현하는 철학의 종자를 심으려고 신념에 찬 발걸음을 용감히 내디뎠다.

초창기에는 오해가 만든 길고 혹독한 '겨울' 같은 시절도 있었다.

그렇지만 동지는 지지 않았다.

"우리의 행동으로 창가(創價)의 진실과 정의를 증명하자."

그리고 불법자(佛法者)로서 사회에 공헌하기 위해 국

토대청결운동과 농촌돕기운동, 자연보호 등의 활동을 끈기 있게 실천해왔다.

지금 멤버에 대한 신뢰와 칭찬의 꽃들이 이 지역 저 지역에서 피어나 향기를 뿜내고 있다.

나는 경애하는 한국 멤버들이 폭풍우를 이겨낸 용기와 영광스럽고 존귀한 발걸음을 소설《신·인간혁명》에 써서 남겨 미래 영원히 현창하겠노라고 깊이 결의했다.

한국의 벗은 승리했다. 한국에 희망의 봄이 왔다.

자, 벗이여! 위대한 벗이여!

환희의 꽃이 피는 21세기 저 사명(使命)의 산을 향해 함께 손을 잡고 마음도 경쾌하게 출발하자.

- 1998년 5월 21일

서울의 영빈관

그 건물은 살아 있는 듯이 보였다.

창공을 향해 소리 없는 소리를 조용히 발산하는 것 같았다.

1998년 5월, 한국을 두 번째 방문했다.

기품 있는 '청기와'에 '흰 용마루', 완만하게 경사진 지붕,

나는 한국의 산하까지 속속들이 스며들어 있는, 뭐라 말할 수 없는 '부드러움'을 만난 기분이었다.

숙소의 창밖으로 보이는 전통 양식의 건물 이름은 '영빈관'. 그 이름대로 이전에는 국가의 빈객(賓客)을 맞이했다.

짓는 데 8년이 걸렸다. 1959년에 착공하여 두 차례 공사 중단을 거쳐 1967년, 굉장한 정원을 포함하여 모든 것을 완성했다고 한다.

나는 1990년 가을에 한국을 처음으로 방문했다.

문화대은(文化大恩)의 나라에 작게나마 보은(報恩)하고자 '서양회화명품전'을 개최하기 위해서였다. 그러나 태풍으로 출발이 늦어진 탓도 있어 26시간밖에 머무르지 못하는, 몹시 어수선한 첫 방문이 되고 말았다.

조선조 500년의 도읍 서울에 가볍게 인사만 하고 귀국해야 했다.

나는 다시 방문하겠다고 서원했다.

그리고 1998년 명문 경희대학교의 초청으로 그 꿈이 실현되었다. 시내와 교외에 있는 장려한 캠퍼스를 둘러볼 기회도 있었다.

073

또 한국SGI 본부도 방문했다. 말로는 이루 다 할 수 없는, 노고에 노고를 거듭해오신 벗들의 대표이다. 만나 뵐 수 있어 감개무량했다.

서울 거리에는 5월의 바람이 향기로웠다.

한국의 마음은 아름답다.

달구지에 볏단을 싣고 갈 때도 농부는 소의 고생을 조금이라도 덜어주려고 지게에 볏단을 가득 지고 간다. 그 광경이 농촌의 명물이었다고 한다.

건국 신화에도 호전적인 것이 없다. 타국을 침략한 적도 없고, 잔학한 복수 이야기도 거의 없다.

개국을 요구하며 침입한 서구 열강의 군함에 항의하면서도 "만리 풍파에 시달렸으니 필시 배를 곯았을 것이다." 하고 식량까지 보내주는 민족이다.

한국의 '정'은 두텁고 깊다. 5000년 동안 고난의 역사를 인내하고 극복하면서도 깊은 인정을 잃지 않은 사람들이다.

증오를 남에게 돌리기보다 슬픔을 눈처럼 가슴속 깊이 묻어두고 내일을 믿고 웃으며 살아온 사람들이다.

사랑스러운 나라, 아름다운 나라, 문화의 나라.

그 평화로운 사람들이 '몇 십 세대 후손까지도 잊을 수 없다.'고 노여움을 마음속 깊이 새겨둔 상대가 바로 일본의 잔학한 국가주의자였다.

가는 곳마다 저지르는 약탈, 폭행, 살육. 사람들은 그들을 "짐승만도 못하다." "문화를 모르는 '악귀'"라고 불렀다.

문화는 '눈에 보이지 않는 것'을 보는 힘이다.

보이지 않는 '마음'을 읽어낼 줄 아는 마음의 힘이다. 그것이 근대 일본에는 얼마나 결여되었던가!

영빈관 건물은 위에서 내려다보면 안마당을 중심으로

'구(口: 입)'자 모양으로 배열돼 있다.

한국의 전통에서는 안마당이 두 개면 '일(日: 해)'자 모양, 세 개면 '월(月: 달)'자 형태로 배열한다.

'구(口)'라는 글자는 '풍부한 식복(食福)'을 불러들인다고 한다. '일(日)'이나 '월(月)'은 하늘의 정기를 집안에 가져다준다고 한다.

즉, 한국에서 건물은 하늘과 대화하는 것이다.

그러므로 누구의 눈도 닿지 못하는 높은 지붕의 기와까지 정성을 다해 정교한 문양을 새겨 넣었다. 그 우직함을 바보라고 생각하지 않는 마음이 바로 문화다.

마지막 날 저녁에 이 영빈관을 빌려 경희대 대표를 비롯하여 신세를 진 분들에게 답례연을 열었다. 인사하는 자리에서 나는 창립자 조영식 선생의 부인을 칭송했다.

대학 초창기, 부인은 어린 자녀를 등에 업은 채 고학생들을 위해 손수 음식을 만들어 대접하고 격려했다.

교직원에게 급여를 줄 수 없을 때는 소중한 결혼반지를 전당포에 가지고 간 적도 있었다. 살점을 도려내는 듯한 결단이었다. 그런데도 전당포에서 "진짜인지 아닌지 알 수 없다."며 퇴짜를 맞고는 눈물을 쏟으면서 밤길을 돌아왔다.

그러한 노고 속에서 조 선생의 신념인 '문화세계 창조'를 위해 살아왔다.

그 어머니의 강함, 자상함.

그것이야말로 이 건물에도 담긴 '동방예의지국'의 마음이 아닐까, 하고 생각했다.

부인은 조 선생 옆에서 부드러운 곡선미를 자랑하는 치마저고리를 입고 계셨다. 내 이야기에 몸을 움츠리듯이 수줍어하시는 모습이 순수하고도 아름다웠다.

그날 밤이 깊었을 때 은색 보름달이 영빈관의 청기와

지붕을 비추고 있었다. 이 아름다운 나라를 짓밟은 일본의 오만함에 다시금 분노가 가슴속에서 솟구쳐 올랐다.

- 1999년 4월 4일

문화 대은인의 나라에 보은하는 마음을 담아.
문화는 '눈에 보이지 않는 것'을 보는 힘. 보이지 않는 '마음'을 읽어낼 줄 아는 마음의 힘.
(1998년 5월 촬영, 서울 영빈관)

시정(詩情)의 한국,
제주도

하늘이 빛나고 있었다.

바다가 빛나고 있었다.

자연도 거리도 빛나고 있었다.

섬 중앙에 솟구친 한라산 기슭은 녹색 가운에 감싸여 빛의 시를 연주하고 있었다.

내가 동경하는 제주도는 '아름다운 보배섬'이었다.

시정(詩情)이 넘치는 섬이었다.

사람을 시인으로 만드는 섬이었다.

고난의 폭풍을 타고 넘어 맑게 갠 하늘처럼 아름다운 마음과 마음을 맺는 '평화의 섬'이었다.

5월 16일, 나는 제주도를 처음으로 방문했다. 전날 기다리고 기다리던 '한일 우호의 비(碑)'(후쿠오카연수원) 제막식을 지켜봤다. 1년 만에 다시 찾은 세 번째 한국이었다.

이번에 나는 초청대학인 국립 제주대학교에서 영예로운 '명예 문학박사 학위'를 받았다. 17일의 일이었다. 건강하신 조문부 총장과 제주대학교의 대해 같은 관대한 우정에 다시금 충심으로 감사의 마음을 표한다.

더구나 다망하신데도 일부러 경희대학교 학원장 조영식 박사, 충청대학교 정종택 학장이 축복하러 달려오셨다. 깊은 후의에 눈물이 날 것 같았다.

일찍이 오만한 일본은 이 '문화 대은인의 나라', '스승의 나라'를 유린하는 등 인류를 짓밟았다. 그 한국에서 이러한 영예를 받는 일이 얼마나 중대한 의미가 있는지, 나는 잘 안다.

행사에는 제주도의 벗을 비롯하여 우리 한국SGI의 동지 대표들도 참석해 기쁨을 함께하셨다. 더욱이 한국민단(韓國民團)의 오사카부 지방본부에서도 대표 세 분이 참석하셨다.

제주도와 일본은 인연이 깊다. 오랜 옛날 7세기, 제주도가 '탐라국'이던 시대부터 일본과 교류를 시작했다. 오늘날 재일한국인 중 약 20퍼센트가 제주도 출신이라고 한다.

특히 간사이와 인연이 깊어 우리 간사이문화회관과 가까운 이쿠노구와 히가시나리구를 중심으로 오사카에 많이 살고 계신다. '상승(常勝) 간사이'의 위대한 동지도 크게 활약하고 계신다.

1922년, 제주도와 오사카를 잇는 정기선(定期船) 직통 항로가 열렸다. 이것이 제주도 출신이 간사이에 많이 살게 된 계기가 된 모양이다.

물론 일본의 식민지 지배가 배경이 된 것으로, 이후 '재일한국인'들이 얼마나 괴로움으로 가득한 세월을 걸어왔던가….

아무튼 내가 이번에 받은 영예는, 말로 다할 수 없는 고생을 거듭해오신 한국의 동지 그리고 '재일한국인' 동지 여러분과 함께 받은 것이라고 생각한다.

지금 제주도는 아름다운 초목과 꽃이 한창 경연을 벌이고 있다.

그러나 나라꽃 무궁화의 고귀한 색채를 보려면 무더운 여름을 기다려야 한다. 무더위의 역경을 인내하며 사람들의 마음을 격려하듯이 자랑스럽게 피는 그 모습은 품격이 매우 높다. 더구나 새벽에 피어 저녁에 지는 '일일화(一日花: 날마다 피는 꽃)'이지만, 여름에서 가을까지 날마다 새롭게 계속 핀다. 그러므로 무궁화는 불굴의 한민족의 혼을 담고 있어 '강한 생명력', '강한 끈기', '근면성', '진취성' 등을 상징한다고 한다(이상희《꽃에서 본 한국문화》참조).

무궁화처럼 ─ 그것은 사랑하는 한국 벗의 인난(忍難)과 승리의 역사를 이중으로 투영한다.

여러분이 혹독한 겨울을 얼마나 힘들게 끝까지 인내해 오셨는가! 이를 악물고 사회에 뿌리를 내리고, 신뢰와 행복의 씨앗을 뿌려 오셨는가!

삼동(三冬)을 참아온 나는
풀포기처럼 피어난다

즐거운 종달새야
어느 이랑에서나 즐거웁게 솟쳐라(〈봄〉)

'청춘 시인' 윤동주의 시처럼, 한국의 동지는 당당하게 승리했다.

불굴의 혼으로, 세계 SGI가 동경하는 꽃밭이 되었다.

현재 한국SGI 본부에는 '비폭력 투쟁의 용자(勇者)' 간디의 동상이 설치되어 있는데, '한국의 간디'는 독립운동의 아버지 안창호 선생이다.

안창호 선생이 1913년, 독립을 담당할 사람들의 인격 수양 단체인 '흥사단'을 만들었을 때 가장 중요하게 여긴 것이 '단결'이었다. 더구나 정의를 목적으로 한, 불변(不變)·불괴(不壞)의 단결을 강조하여 '신성단결(神聖團結)'이라고 부른 것은 유명하다.

우리로 말하면 '이체동심(異體同心)'이다. 광선유포라는 대목적을 향한 금강불괴의 신심 단결이다.

더욱이 안창호 선생은 항상 이렇게 가르쳤다.

"백 번 말하는 것보다 한 번 보여주는 것이 더욱 유효할 것입니다. '무실역행(務實力行)'하는 한 사람 한 사람이 '무실역행(務實力行)'을 이야기하는 백 사람보다 더욱 강한 감화력이 있습니다."(《지성, 하늘을 움직이다》에서)

'무실역행'은 '참되기를 힘쓰자', '힘써 행하자'는 의미이다.

입으로는 훌륭한 것을 말하면서 남에게 시킬 뿐 자기는 아무것도 하지 않는다, 아무런 행동도 하지 않는다 ― 리더의 그런 '거짓'만큼 모두의 신뢰를 파괴하고 단결을 파괴하는 것은 없다.

반대로 솔선수범하는 선각자 한 사람이 있는 곳에는 반드시 광선유포의 큰 물결이 일기 시작한다.

이것이 '인간혁명'의 원리이다.

그 씩씩한 사자(師子)와 사자의 스크럼이기 때문에 학회는 정말 강하다.

한국의 대발전은 성실함을 관철하고 고난의 폭풍을 인내해오신 용장들의 영관(榮冠)이다. 이것이야말로 '세계의 모범'이라고 진심으로 칭송하고 싶다.

성훈에 "마음이 깨끗하면 토(土)도 청정하다."는 말씀이 있다. 나날이 승리의 미소와도 닮은 제주도의 쾌청한 하늘을 올려다보면서, 나는 마음으로 합장하지 않을 수 없었다.

내 사랑하는 동지여, 행복하여라. 영광 있으라. 무한히 전진하라!

어떠한 파랑이 일어난다 해도 크게 웃으며 21세기의 창공에 한국과 일본의 멸하지 않는 평화와 우정의 무지개 다리를 놓아라!

- 1999년 5월 24일

고난의 폭풍을 뚫고 대지를 비추는 하늘빛 속 희망의 무지개. (1998년 촬영, 제주도)

II 에세이

구름 위에 뜬 후지산

후지산이 보였다.

운해(雲海) 속에 섬처럼 떠 있었다.

하계(下界: 인간세계)의 술렁거림을 내려다보며 후지산은 혼자 유유히 하늘을 상대로 말하고 있었다.

1998년 5월, 나리타에서 한국으로 가는 기내(機內)에 서였다.

초여름에도 산 정상에는 눈이 남아 늠름하게 빛나고 있었다.

도다 조세이(戶田城聖) 선생님은 어느 날 후지산을 바

라보며 말씀하셨다.

"다이사쿠! 조용하게 보이지만 후지산 꼭대기에는 열풍(烈風)이 분다네. 정상에 서는 사람은 열풍을 받을 수밖에 없다네."

두 사람만의 이야기였다.

후지산은 높다.

1870년대 일본을 방문한 영국인 여성은 요코하마로 향하는 배에서 "후지산이 보인다!"며 떠드는 소리를 들었다.

갑판에 나가보았지만 후지산은 어디에도 보이지 않았다. 열심히 찾았다. 보이지 않았다. 도대체 후지산은 어디에 있는 것일까.

그녀는 문득 하늘을 올려다보았다. 그러자 생각지도 못할 정도로 높고 먼 창공 위에 백설에 덮인 후지산이 떠 있었다. 숨을 삼켰다.

그녀와 같은 사람이 있으면 선원들은 언제나 가르쳐 주었다. "더욱더 위를!", "더욱더 위를 보시오!"(《일본 오지 기행》― 이자벨라 버드 비숍 저, 다카나시 겐키치 역, 平凡社)

상상보다 '더욱더, 더욱더 위'에 후지산이 있었다.

후지산은 자신을 누가 뭐라고 평하든 간에 신경 쓰지 않는다.

보는 사람의 마음에 맡기고, 후지산은 결연히 솟아올라 결연하게 열풍과 대치하면서 자신의 정의의 경애를 즐기고 있다.

지금 그 고귀한 '후지산의 마음'이 일본에 있을까.

또 '8월 15일'이 찾아온다.

전쟁이 끝난 그날, 나는 열일곱 살이었다. 전쟁을 피해

니시마고메의 친척집에 가 있었다.

　3월의 도쿄 대공습과 5월의 공습으로 우리 집은 두 번이나 불타버렸다.

　"정오(正吾)에 중대한 방송이 있다."고 들었다. 누구나 '드디어 미국에 총공격을'이라는 대본영의 발표일 것이라고 생각했다.

　그렇게밖에 생각할 수 없는 사회 분위기였다.

　정오 전에 히가시마고메에 있는 할머니 집에 걸어서 갔다. 시원하게 트인 푸른 하늘이었다. 거리는 조용히 가라앉아 있었다.

　방송이 시작되었다. 그러나 잡음이 많아 잘 들리지 않았다. 이긴 것인지 진 것인지, 앞으로 어떻게 되는지 할머니도 모르셨다.

　석연치 않은 마음으로 발길을 돌렸다. 그러자 저쪽에

서 동생이 "졌다. 일본이 졌다."며 울면서 달려왔다.

'무슨 소릴 하는 건지, 드디어 (정신이) 이상해진 것인가.' 하고 생각했다. 모두 "질 리가 없다."고 말했다. 그렇게 생각하도록 교육을 받았다. 젊은이들은 모두 자신도 언젠가는 전쟁터에 가서 전사하거나 공습으로 죽거나, 설령 굶어 죽어도 이길 때까지 전쟁을 계속해야 한다는 교육을 철저히 받았다.

저녁이 가까울 무렵에서야 일본이 정말로 졌다는 사실을 알았다.

모두 혼이 빠진 사람처럼 허탈감에 빠졌다. 아무것도 생각할 수 없었다. 폭삭 하고 거대한 '공허감'이 온 거리를 감쌌다. 일본 전체가 그랬을 것이다.

그러는 동안 점령군이 들어오리라는 불안감도 생겨났다.

그러나 한편 안심했다. 공습 비행기 소리도 뚝 사라졌다. '이렇게도 조용한 것인가.' 오랫동안 잊고 있던 안도감이었다.

저녁에는 자유롭게 등을 밝힐 수 있었다. '이렇게도 밝은 것인가.' 그것은 평화를 상징하는 밝음이었다.

집집마다 밝힐 수 있을 만큼 전등을 밝혔다. 불타버려 죽은 도시에 생명의 빛이 여기저기서 보석처럼 빛났다.

밤하늘도 맑게 개어 조용했다.

공습경보가 울리는 일은 더 이상 없다.

공습에 대비하여 옷 입은 채로 잘 필요도 없다.

베개 밑에 전대나 방공두건을 놓아둘 필요도 없다.

"끝났구나. 평화는 좋구나." ― 그래도 "져서 좋다."고는 아무도 말할 수 없었다.

그렇게 생각하기에는 너무나 희생이 많았다. 우리 집

도 전쟁 때문에 형 네 명을 빼앗겼다. 전국적으로 얼마나 비극이 많았던가. 모든 것을 잃고 "져서 안심했다."고는 말할 수 없었다.

한국은 '가장 가깝고도 가장 먼 나라'이다.

똑같은 그날 한국에서는 해방의 기쁨에 넘친 "만세, 만세"의 파도가 한반도를 뒤흔들었다. '8월 15일'을 '광복절'이라고 했다.

어느 할머니는 "얼마나 기쁘고 기뻤는지⋯ 그날부터 하루하루가 얼마나 즐겁던지 배가 고파도, 먹을 것이 하나도 없어도 그래도 무엇을 하든 즐거웠습니다."라고 회고했다.

"왜냐하면 그전에 우리는 사람 취급을 받지 못했으니까."

한국이라는 거울에 일본이 비친다. 아시아라는 거울에 일본이 비친다. 비친 얼굴이 진실한 얼굴이다.

'사람을 사람 취급하지 않는다.'는 것은 '자신도 사람이 아니다.'라는 증거이다. 아시아 멸시가 일본을 미치게 만들었다. 스스로 자기 '인간성'을 내던져버리고 말았다.

전쟁에 패했을 때 일본은 '새롭게 태어날'것을 다짐했다.

"앞으로는 민주주의 시대입니다."

"더 이상 관리도 거드름을 피우지 않습니다. 더 이상 정치가도 거드름을 피우지 않습니다."

"앞으로는 무기를 버리고 '문화국가'를 지향합니다."

그로부터 54년, 일본은 정말 바뀌었는가.

민주국가란 '권력자가 서민의 하인'이 되는 나라이다.

'한 번이라도 민중을 배신한 인간은 두 번 다시 큰길로 다니지 못하게 되는' 나라를 말한다.

문화국가란 몸이 가루가 되도록 일하는 서민에게 '훈장'을 수여하는 나라이다. 돈보다도 마음을 소중히 하는 나라이다. 비겁한 거짓말을 절대로 용납하지 않는 나라이다.

그러나 지금 일본은 ─.

비행기가 조금 흔들렸다. 운해(雲海)에 파도가 일었다.

제트기류가 서에서 동으로 불고 있다.

구름 위에 뜬 후지산은 열풍에도 의연하게 가슴을 펴고 있었다.

흙탕물 속에서 피어난 백련화(白蓮華)처럼 보였다.

- 1999년 8월 15일

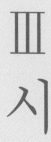

Ⅲ
시

❀ 사계의 선율 민중의 찬가

❀ 경애하는 한국의 동지에게 드린다

사계의 선율
민중의 찬가

유라시아 대륙의 동쪽

신라 임금의 금관을 채색하는

비취의 곡옥(曲玉)과도 닮은

아름다운 반도 있노라

솟구친 태백산맥은

명산(名山)을 거느리고

서해는 중국과 이어지고

동해는 세계로 펼쳐진다

남해는 문화의 욱광(旭光)을

일본으로 전한 간선(幹線)이니라

'삼려(三麗)·삼보(三寶)'의 제주도는

세계에 자랑하는 경승지로다

1990년 9월 21일
대은인의 나라를 첫 예방
만감을 담은 감사와 존경으로
나는 비행기 창에서
귀국의 대지에 합장했다

한강의 도도한 흐름은
하구(河口)에서 거슬러 올라가
상류 120킬로미터 양수리에서
남북으로 갈라진다

북쪽 원류는
강원도 금강산이고
춘천 가까이에서
소양강과 합류하여 기세를 늘린다

남쪽 수원지는
태백산맥 오대산
평창강과 합쳐
충주를 거쳐 북서로 흐른다

남한강 북한강은
합류하여 당당한 대하(大河)가 되고
수도 서울의 중심부를 뚫고
임진강과도 합류하여
강화도 부근에서 창해(滄海)로 쏟아진다

총 길이 514킬로미터
왕자(王者)의 풍격을 지닌 대하이니라

낙동강은
강원도에서 발원하여
경상북도와 경상남도에
크나큰 혜택을 준다

금강은

전라북도를 수원으로

충청남도를 흘러

서해로 흘러간다

이 3대 강이 윤택하게 해주는

비옥한 대지에

문화의 보광(寶光)은 빛나고

기름진 산하를

계절마다 꽃이 화려하게 수놓는다

아

아름답고 청정한

장엄한 아침의 나라여!

여기에

불굴의 민족혼 있노라!

휘날리는 태극기에

불멸의 희망빛이 있노라!

이 청정한 천지에
민중찬가의 역사를 만들어
당당하게
사명(使命)의 춤을 추는
지용(地涌)의 용자(勇者)들이여!

이른 봄에 개나리 필 때
눈보라에도 가슴을 펴고
정법정의(正法正義)의 깃발을 계속 휘날리는
존귀한 여러분의
상쾌한 얼굴을 생각한다

한여름에 무궁화 필 때
강한 인내로 묵묵히
사회공헌에 땀 흘리는
광포 개척자의 모습을
내 가슴 깊숙이 그린다

코스모스 피는 길에 서면

고려청자와 같은

맑게 갠 마음으로

벗의 행복을 위해 달려가는

보살의 거룩한 자애에

나는 나무(南無)한다

그리고

새빨간 동백꽃을 보면

매서운 추위의 시련에도 주춤거리지 않고

용감하게 싸우는 벗이 승리하기를

깊고 강하게 기원한다

인생에는 사계가 있고

민족의 역사에도 춘추가 있다

또

조국의 평화와 번영을 바라며

대철리(大哲理)에 살아가는 세월에도

천둥이 울려퍼지는 날도 있고

폭풍이 휘몰아치는 밤도 있었다

일본의 광기 어린 파시즘은
무도한 침략을 거듭하여
귀국의 독립을 빼앗았다

지극히 잔학한 국가주의는
'3·1운동'을 탄압하고
민중의 행복을 파괴하고
둘도 없이 소중한 인명을
잇달아 유린했다

아귀와 축생 같은 만행이었다
인류를 짓밟는 오욕(汚辱)이었다
문화대은(文化大恩)에 보답하기는커녕
스승의 나라를 존경하기는커녕
악역무도한 원수로 갚다니!

저 암흑시대

창가(創價)의 두 선사(先師)도

귀국의 수많은 의사(義士)처럼

감옥에 갇힌 몸이 되었다

일본의 국가악과 투쟁했다는 이유로!

뼈에 사무치는 추위와 굶주림

폭력과 공갈

권력의 쇠사슬로 구속해도

사자(獅子)의 신념은 엄연했노라

정의의 사자후(獅子吼)는 늠름했노라

1945년 8월 15일

새로운 시대는

마침내 찾아왔다

긍지 드높은 광복의 천지에

소생(蘇生)의 노랫소리는 메아리쳤다!

사람들은 환호하고

피눈물 나는 역사의 문에서 나와

씩씩하게 환희의 행진을 계속했다!

얼어붙은 대지에도 따뜻한 햇볕

황폐한 논밭에도 상쾌한 바람

소생하는 불사조처럼

재건에 일어서

온갖 고난을 인내하며 끝까지 살았다

때를 같이하여

우리 은사도 감옥에서 풀려 나와

홀로 묘법(妙法)의 깃발을 드높이 들고

낙토 아시아의 건설을 바라며

민중의 평화운동을 개시했노라

그리고

세 번째 광복기념일 전날

나는 은사를 만났다

귀국이 신생(新生)의 숨결로 넘치는

그 여름날에

나도 또한 신세계를 향해
첫걸음을 내디뎠다

금세기 동란의 와중에서
오 존귀한 벗이여!
어떠한 서원(誓願)인가 숙연(宿緣)인가
한 사람 또 한 사람
묘법(妙法)의 사도(使徒)는 일어섰다

무너지지 않을 평화를 위해
생명 가득한 신세기의 아침을 향하여
여러분은
문화와 창조의 길을
의연하게 달려오셨다

그러나 —
군국주의 일본의 오만과 포악이
귀국에 남긴 무도한 상처는
너무나도 잔혹했다

해협은 멀어지고
불신의 도랑은 깊었다

몇 해 동안
우리 창가의 벗은
매섭게 추운 겨울의 시대를
인내해야만 했다
오로지 이를 악물고
반드시 새벽이 오리라고 믿고!
이윽고 오해의 빙벽이 녹아
반드시 아름다운 이해와 공명(共鳴)의
명곡이 태어나리라고 믿고!

오로지
묘법을 부둥켜안고
어떠한 박해의 돌팔매질에도
능인(能忍)의 마음으로 꾹 참고
전진을 멈추지 않았던
아 숭고한 벗이여!

나도 할 수만 있다면
당장이라도 달려가고 싶었다
여러분 곁으로 달려가
손을 잡고 어깨를 껴안고
격려해드리고 싶었다

고민에 고민을 거듭하면서
나는 기원했다 간절히 기원했다
— 문화대은의 나라에
우정의 보배다리를 새롭게 놓아라!
— 우리 광선(廣宣)의 벗들에게
행복의 꽃 활짝 피워라!
화락과 복덕의 빛이여 쏟아져라!

"법화경을 믿는 사람은

겨울과 같다
겨울은 반드시 봄이 되느니라
아직도 옛날부터 듣지 못하고 보지 못했노라
겨울이 가을로 되돌아간 것을

아직까지 듣지 못했노라

법화경을 믿는 사람이

범부가 되었음을"

이 성훈을 몸으로 배견하여

용맹심을 크게 분기하여

고난의 눈보라에 맞선

견인불발(堅忍不拔)의 용자인 벗이여!

"금(金)은 큰불에도 타지 않고

큰물에 빠져도 떠돌지 않고 썩지 않으며

철은 수화(水火) 공히 견디지 못하는데

현인(賢人)은 금과 같고

우인(愚人)은 철과 같으니"

진금(眞金)의 신앙인으로서

무엇에도 흔들리지 않고

인격의 빛으로 만인을 감싸는

위대한 현자인 우리 벗이여!

바람은 보이지 않는다
그래도 푸른 해협을 건너
흙향기를 전해준다
땅속의 종자는 보이지 않는다
그래도 때가 되면
들에 산에 온갖 꽃이 만발한다

마음도 보이지 않는다
그래도 희망의 날개를 펼쳐
바람처럼 자유자재로 바다를 건너간다
묘법(妙法)도 보이지 않는다
그래도 용기의 빛이 있는 한
행복의 종자는 반드시 꽃피운다

오 봄이여
눈부신 한국의 봄이여!

그때를

나는 끈질기게 기다렸다

그때를 믿고

나는 나의 처지에서 움직였다

성실을 다하여

일심불란(一心不亂)하게 행동했다

문화라는 보배 같은 대은에

설령 만분의 일이라도

보답하기 위하여!

한일의 영원한 우호를 위하여!

그리고 우리 벗의 행복을 위하여!

1994년 10월

오사카에서 열린 '영광대문화제'

많은 재일동포가

활약하시는 간사이에서

귀국의 대표 멤버가

춤추신

화려한 '부채춤'!

그 늠름한 생명의 광채에

누구나 감동하여 눈물 흘렸다

20세기

통곡의 비극을 극복한

금강불멸(金剛不滅)한 민족의 기개!

우미(優美)함의 극치 속에 빛나는

불요(不撓)의 지지 않는 혼!

고난의 일체를 환희로 바꿔가는

신앙의 눈부신 빛이여!

여러분이

우리 부부에게

보내주신

전통의 아름다운

바지저고리와

치마저고리 ―

유원(悠遠)한 귀국의 문화와

관활(寬闊)한 벗의 진심을
천의(天衣)와 같이
입었다

유엔 창설 50주년을 기념하는

'아시아청년평화음악제'
후쿠오카 돔에서
귀국 '농악'의 울림과
청신하게 약동하던 연기여!
이곳 후쿠오카 땅에
드디어
'한일 우호의 비(碑)'가 탄생한다

1997년 2월
홍콩에서 열린 문화제에서도
세계 100개국의 벗에게
가장 깊은 감동을 준 것은
귀국의 '삼고무(三鼓舞)'였노라

그리고 또 오사카 돔에서 열린
'세계청년평화문화제'에서도
현란한 '북춤'이
압권이었다

여러분이 전개해오신
국토대청결운동
양서보내기운동
불우한 사람들에 대한 봉사활동
나아가 환경보호운동
모범이 되는 좋은 시민으로서
매우 고귀한 갖가지 활동

불법(佛法)은 즉 생활이니라!
불법은 즉 사회이니라!
불법은 즉 인간이니라!

묘법의 위대함을
지역에서 가정에서
단호히 실증을 보이자고
계속 분투해오신
다부진 보우(寶友)들이여!

1998년 5월 18일
마침내 염원이 이루어져
나는 꿈에도 그리던
귀국의 SGI 본부를
방문하였다

정원에서 무궁화 식수
마하트마 간디상 제막식
그리고
대표들과 함께
전 동지의 무량한 복덕과
귀국의 영겁(永劫)의 번영을
깊이깊이 기념했다

성훈에 —

"달은 서에서 나와 동을 비추고

해는 동에서 나와 서를 비추니

불법 또한 이와 같으니라

정상(正像)에는 서에서 동으로 향하고

말법(末法)에는 동에서 서로 가나니"라고

멀리

'정신의 실크로드' 있어

인간의 존엄과

생명의 평등을 설한 대법(大法)은

월지(月氏) 나라에서부터 곤륜을 넘고

황하를 건너

무궁화의 나라에서

벚꽃의 나라로 전래되었노라

이것은 1400년 전

장대한 유전(流轉)의 드라마이니라

석존의 법은

아시아 민중에게 빛을 비추어

국토를 문화의 꽃으로 채색한다

그러나

나라에는 영고(榮枯)와 성쇠(盛衰) 있으니

법에는 사중(四重)의 흥폐(興廢) 있노라

이 말세법멸(末世法滅)의 어둠을

활연(豁然)히 부수고

만년 저 너머로

태양의 불법이 빛난 지

700년 ―

지금 한국SGI가

전 세계의 모범이 되어

불법 르네상스의 아침 해가

지구사회를

찬연히 비추어간다

"구원실성(久遠實成)의 석존과

개성불도(皆成佛道)의 법화경과

우리들 중생의 셋은

전혀 차별이 없다고 깨달아서

묘호렌게쿄(妙法蓮華經)라고 봉창하는 바를

생사일대사(生死一大事)의 혈맥이라고 하느니라"

태양이 모든 민중에게

한없이 빛을 쏟아주듯이

묘법은 인류를 대자비로 감싸

일체중생에게 차별 없이

만족스러운 인생을 열어간다

어느 곳보다

다난한 시련을 이겨낸

긍지 드높은 귀국의 민중이야말로

누구보다도

행복해질 권리가 있다!

"악은 많아도
일선(一善)에는 이길 수 없으니"

정의 중 정의로운 단결로!
서민의 선(善)한 화합의 힘으로!
여러분은 승리하셨다
불법은 승부라는 증거를
엄연하게 보이셨다

이 얼마나 불가사의한
원초(元初)의 서원을 하신 분들인가!
이 얼마나 고귀한
지용보살의
이체동심(異體同心)의 연대인가!

생명의 세기의 새벽에
나는 진심 어린 찬탄과
깊은 경애를 담아
훌륭한 구원(久遠)의 벗에게

인생 사계의 말을 바치고 싶다

봄과 함께 마음 생생하게
봄맞이 꽃처럼 빛나며
감사와 큰 마음으로
일체를 행복의 궤도에 올리는
총명하고 지혜로운 사람이 되어라!

여름과 함께 마음 쾌활하게
해바라기처럼 늠름하게
밝은 승리의 일가를 구축하는
태양처럼 빛나는 사람이 되어라!

가을과 함께 마음 상쾌하게
단풍처럼
새빨갛게 생명을 불태워
세계와 지역의 벗에게
신뢰와 우정을 넓히는
정열적인 사람이 되어라!

겨울과 함께 마음 당당하게
늘 푸른 소나무처럼
풍상에도 태연하게
정의의 기둥으로 서서 흔들리지 않는
신념과 큰 용기의 사람이 되어라!

여러분이 더욱더
다복하시고 장수하시기를 기원하며

1999년 4월 11일

세계 계관시인

– 1999년 4월 14일

푸른 바다를 넘어 마음과 마음을 잇는 한일 우호의 다리가 놓이길 소망하며.
(1999년 5월 촬영, 제주도)

Ⅲ 시 사제의 선율 민중의 찬가

경애하는 한국의
동지에게 드린다

그 흐름은

확고했다

청정한 대공(大空) 아래

모든 사람의 얼굴은

승리와 영광으로 도달하는

경쾌한 대기에 감싸인

명예로운 얼굴이었다

2000년 6월 13일!

동포의 분단으로부터

55년이 흘러

마침내 비원(悲願)하던

남북정상회담이

극적으로 실현되었다

상처받은 세월 속에서
분열(分裂)의 의식도
여명의 조용한 빛에
비치어
비극의 나날이 종식되었음을
알리는 듯했다

그 줄지어 앉은 사람들의 눈동자는
광택을 띠고
환희 넘치는 생명은
평화와 영광의 태양에 감싸여
소용돌이치면서
마음과 마음이 서로 연동하고 있었다
새로운 빛이 반짝였다

어느 누구의 모습도
슬픔 저편에서
솟아오르는 분수처럼
청정한 다이아몬드처럼

빛났다

흐름은 분명히 바뀌었다

같은 정신 아래

같은 원동력 아래

그들을 움직여갈 민중의 힘은

강하고 경쾌하게

어두운 분열(分裂)의 강철을

아름답고 정연(整然)한

꽃길로 바뀌었다

슬픔만으로는

아무리 세월이 흐른다 해도

나라를 바꿀 수 없다!

행복을 쟁취할 수 없다!

그러므로 우리는

우리가 사는 이 땅에

슬픔을 초월한 새로운

환희의 길을 함께 만들었다!

앞으로

기쁨의

향연이 기다리고 있다

영광의 피리 소리가 떠들썩하게

그리고

맑은 노랫소리가 밝고 힘차게

들리기 시작한다!

모두의 눈동자에도

더 환희에 찬 눈물을!

그날의 이별의 고통에

지쳐버린 저 혼은

지금은 평화와 행복

민족의 합체와 결합의 환희를

분명히 느끼기 시작했다

아아

그리운 저 고향!

아아

반가운 벗이 있는
저 고향!

누구도 고통받지 않고
누구도 상처받지 않고
낙담하던 나날에서
우리의 삶에 빛을
또다시 크게
불타오르게 해준
'이 순간'에
이제 차가운 얼굴은 어디에도 없다

우리는
비명을 토했다
그 비명은
전화(戰火)의 비명이 아닌
최고로 환희에 찬 비명이다!

우리는

확실히 지쳐 있었다

그러나

앞으로의 세기는

한풍(寒風)을 이겨내고

폭풍을 이겨내어

저 고뇌와 이별하고

희망의 대도를 활보할

민족 달성의 나날이 되었다!

불타오른 우리의 마음속에는

전 세계 나라가

갈채를 보내고

공명(共鳴)하는 마음을 노래하고 있다!

세계의 모든 사람이

영광에 넘친 한반도의 승리를

저 멀리에서 축복하고 있다!

영광으로 넘친
태양처럼 빛나는 벗에게는
가슴속 깊이
비할 데 없이 풍요로운
활기차고

번화하고 장대(壯大)한 천지가
또다시 빛나기 시작했다!

암운(暗雲)의 불안 같은 것은
사라졌다!
우리는
놀랄 만한 신시대를
마침내 쟁취했다!

우리는
거만한 인간에게
절대로 굴하지 않는다!
저속한 권력의 노예에게도
결코 지지 않는다!

폭력을 휘두르는 냉혹한 폭군에게도
결코 꺾이지 않는다!

우리에게는
영원한 새벽녘의 힘과 닮은
기념비를 당당히 세웠다!
무한히 이어지는 세기를 장식할
대도(大道)를 구축했다!
이 대도는
미래 수세기에 걸쳐도
희미한 빛으로 바뀌는 일은 없다

과거에 증오스러운
어둠을 습격했던
침략자의 일은 잊지 않겠다
그 적들의 이름을 들으면
한풍이 부는 것처럼
평화의 검을 휘둘러
만천(滿天)의 성좌(星座)가

이겨 번영할 것을
알고 있기 때문이다!

눈부시게 빛나는 다채로운 문화
그리고
삼세(三世) 영원에 걸쳐 불전(佛典)을
일본에 전해주신
귀국을 나는 경애한다

지금
평화를 희구하는 많은 벗이
뜨거운 가슴 함께 설레며
굳게 악수를 나누는 것을
최고의 기쁨으로 여긴다

거만한 일본은 패배했다
지각 있는 사람들은
귀국에 저지른 포학(暴虐)을 사죄하고
최고의 예의를 갖춰

보답할 것을
결의하기 시작했다

귀국은
'문화'와 '로망'과
'왕도(王道)'의 나라!
그 스승의 나라에서 배운
풍아(風雅)한 자취가
지금도 도읍지 교토에
고도(古都) 나라(奈良)에
전국 곳곳에
음으로 양으로 엮어진 것은
엄연한 사실(史實)이다

대은(大恩)을 잊지 않는 나라는 번영한다
일본은
대은의 연원(淵源)인 귀국에
보은을 잊으면 안 된다

우리는 헤매지 않는다
오늘의 평온한 이 길도
우리의 길이다
내 사랑하는 한민족이
존재하는 미래도

절대로 위험에
처해지는 일은 없을 것이다
아니 절대로 그렇게 만들지 않겠다!

바야흐로
새로운 여명의 시대에
들어섰다!
우리는 승리했다!

우리에게
지칠 대로 지친 어둠은
모두 과거의 일이다
우리는
인간의 위대한

강인한 혼을 지닌

민족이다

근거도 없고

목적도 없고

실체도 없는 그러한

우리의 전진이 아니다

한탄하던 소리는

기뻐하는 소리로 바뀌었다!

장려(壯麗)한 황혼은

생명의 그림처럼 아름답게

우리의 혼을 노래했다!

2000년 7월 17일

한국의 '제헌절'을 기념하여

오사카구치소 출옥일에

세계 계관시인

                 - 2000년 7월 17일

IV
한국의
문화

한글

고려청자

한복

한글

오늘 제전(祭典)에는 한국을 대표하는 출판인 한만년 사장을 비롯해 영국 글래스고대학교의 D. 샤프 교수와 H. 모스바하 준 교수, 나아가 중국의 베이징대학교(北京大學校), 푸단대학교(復旦大學校), 우한대학교(武漢大學校), 그리고 불가리아 소피아대학교에서 오신 교환교수들도 내빈으로 참석하셨습니다. 삼가 감사드립니다.

한만년 사장은 한국에서도 유명한 출판사 '일조각'을 경영하시는 분으로, 나와 토인비 박사가 함께 나눈 대담집《21세기를 여는 대화》한국어판을 발간해주셨습니다.

돌이켜보면 토인비 박사와 대담을 끝낸 지 15년이 흘

렀습니다.

박사와 새긴 추억은 끝이 없습니다. 박사는 젊은 나를 전적으로 신뢰하여 대담집 발간에 대해서도 "모두 맡기겠습니다."라고 말씀하셨습니다.

이 대담집은 한국어 등 11개 언어로 출판되어 기쁘게도 세계 각국에서 폭넓은 독자층을 얻고 있는 것 같습니다(2012년 5월 현재, 28개 언어로 출판). 토인비 박사도 분명 이 사실을 기뻐하시리라 생각합니다.

말할 것도 없이, 한국의 나랏글은 '한글'입니다.

이 '한글'은 지금으로부터 540년쯤 전, '난해한 한자를 대신하여 민중이 자유롭게 사용할 수 있는 문자를'이라는 이념으로 고안하여 공포(公布)했습니다. 수많은 언어 가운데서도 가장 논리적이고 합리적인 문자로, 한민족이 만들어낸 위대한 문화유산입니다.

145

'한글'은 자음과 모음으로 되어 있습니다. 우수한 점의 일례로, 자음은 발음할 때의 '입 모양'이나 '혀의 위치'를 본떠 만들었습니다.

모음은 '천(天)', '지(地)', '인(人)'을 본뜬 세 가지 기본 글자를 조합하여 쓰게 되어 있습니다.

자음과 모음을 합해서 불과 24종류인데도 모든 발음을 정확히 표기할 수 있고, 누구든 배우기 쉽고 쓰기 편합니다.

'한글'의 상세한 역사나 구조에 대해서는 시간 관계상 생략하지만, 민중을 위해 고안하고 민중과 함께 걸어온 이 문자가 '민중의 대지'에 확고하게 뿌리내린 문화임을 강조하고 싶습니다. 한글에는 민족의 '영지'가 있고 '철학'이 있으며, '로망'이 있습니다.

나와 토인비 박사가 함께 엮은 대담집이 '한글'로 출판된 사실은 커다란 기쁨이며, 한 사장을 비롯해 번역·출판에 노고하신 관계자 여러분에게 새삼 감사드립니다.

- 1988년 8월 16일

고려청자

이케다(池田) SGI 회장 : 지금 '고려·조선 도자명품전' (도쿄후지미술관, 1992년 11월 8일까지)이 열리고 있습니다. 저 훌륭한 고려청자의 아름다움도 몽고에게 침략당하는 고난 속에서 연마되었습니다.

A : 마침 니치렌 대성인(日蓮大聖人)이 재세(在世)하던 시기와 같은 시대입니다.

― 1231년, 니치렌 대성인이 성수 10세 때 몽고가 고려를 침략했다. 고려는 항전을 거듭하다 1259년(니치렌 대성인이 성수 38세 때이며, '입정안국론'을 제출하기 1년 전) 몽고에 항복했다.

왕이 항복해도 우리는 싸운다

의용군의 항전

SGI 회장 : 세계적인 '대투쟁'의 시대였습니다.

고려 민중이 대단한 이유는 "왕이 항복해도 우리는 계속 싸운다!"며 저항을 계속했다는 사실입니다.

수도를 강화도로 옮긴 후, 삼별초 병사와 함께 민중으로 구성된 의용군이 강화도를 비롯해 진도와 제주도에서 버티며 철저히 항전했습니다. 침략당한 이후 놀랍게도 42년간이나 계속 싸웠습니다.

A : 저항군은 같이 싸우자며 일본에도 사신을 보냈습니다.

끝까지 저항한 고려 민중

고려 덕분에 원의 침략을 막았다

SGI 회장 : 그러나 일본은 응하지 않았습니다. 고려 사람들이 몽고군에 계속 저항했기 때문에 일본은 그동안 무사했다고도 할 수 있습니다.

사실 몽고(1271년에 '원'으로 개명)는 고려의 저항을 겨우 진압하고, 이듬해(1274년)에야 일본에 침략군을 보냈습니다.

그때까지 고려 사람들은 몽고가 일본을 침략할 함선을 만들던 기지를 습격, 파괴하여 침략 계획을 많이 늦췄습니다.

또 일본 침략의 길안내를 요구받자, 반도 남단의 거제도까지만 안내하고 현해탄을 가리키면서 "파도가 거칠어 건너갈 수 없다."고 속였다고 합니다. 더욱이 1274년

규슈로 쳐들어온 여몽연합군 1차 원정대의 대선단은 하룻밤의 폭풍으로 괴멸했는데, 그 이면에는 고려의 조선공이 '몽고의 배 따위' 하고 허술하게 만들었다는 이야기도 전해집니다.

무리하게 끌려 나온 고려군도 싸울 의지가 전혀 없었습니다.

A : 결국 고려 사람들 덕분에 무사했군요. 그 사실을 왜곡하고 "'원과 고려의 연합군'이 일본에 쳐들어왔다."고 역사를 가르친다면 '진실'은 전혀 전해지지 않습니다.

SGI 회장 : 약 반세기에 이르는 몽고의 침략으로 발생한 고려의 피해는 일본과는 비교가 안 됩니다. 포로가 된 사람, 살해된 사람도 헤아릴 수 없고 '해골이 들을 뒤덮는' 참상이었습니다.

일본이 무사했던 근저에는 "니치렌이 억제하였기에", "성인(聖人)이 나라에 있음은 일본국의 대희(大喜)이며 몽고국의 대우(大憂)로다."라고 말씀하신 대성인의 존재가 있었기 때문이지요.

그것은 당연하고, 일본은 고려 사람들의 '대은'을 절대로 잊으면 안 됩니다.

또 원나라는 제3차 일본 침략도 계획했지만, 베트남 등의 저항 때문에 동남아시아 공략에 실패했고, 중국에서는 한족의 저항으로 발밑이 위험했습니다. 이러한 '민중궐기'에 따라 침략 계획을 단념할 수밖에 없었습니다.

이렇게 '민중'에 빛을 비추어야 비로소 역사의 진실이 보입니다.

대성인은 "죄 없는 사람들이 가엾다"고

A : 대성인은 철저히 '민중의 편'에 서서 행동하셨습니다.

SGI 회장 : 그렇습니다. 제1차 침략 후에 몽고에서 온 사신 중에는 고려의 젊은 통역도 있었지만, 막부는 그들을 다쓰노구치에서 참수해버렸습니다.

대성인은 "죄없는 몽고의 사자(使者)의 목을 베었다는 것이야말로 가엾은 일이로다." ― 죄없는 '몽고의 사신'이 참수당한 일이야말로 가엾은 일이라고 마음 아파하셨습니다.

또 몽고군에 맞서 싸우러 나가는 병사들의 슬픔을 세심하게 염려하는 편지도 쓰셨습니다. 그 편지에는 이렇게 씌어 있습니다.

"당시에 쓰쿠시로 향하게 되어 그곳에 남는 처자와 떠나는 남편과 떨어질 때는 살갗을 벗겨내듯이 얼굴과 얼굴을 맞비비고 눈과 눈을 마주하여 슬퍼했으나."

대성인의 마음에는 항상 '민중'이 있고 '인간'이 있었습니다. 나라가 전부 광기에 찬 국가 지상주의로 기우는 가운데, 국경을 초월해 한일(韓日)의 그리고 세계 민중의 불행에 눈물 흘리셨습니다.

그리고 대성인은 대난을 받으시면서도 세계의 '입정안국(立正安國)'을 외치셨습니다.

어디까지나 '민중의 행복'이 목적이고 기준입니다. 여기에 불법(佛法)의 인간주의가 있습니다.

학회도 대성인의 마음을 계승하여 정법(正法)에 의한 '민중의 행복'을 목적으로 삼고, 기준으로 삼았습니다. 그렇기 때문에 강합니다. 그렇기 때문에 무슨 일이 있어도 흔들리지 않습니다.

"그것이 '민중의 행복'에 가치가 있느냐 없느냐." — 이 기준으로 보면 사회현상도 확실히 알게 됩니다.

민중의 세계적 연대로 권력을 포위

SGI 회장 : 또 일본과 한국, 일본과 중국이라는 '국가 대 국가'의 견해가 아니라 '세계의 민중과 국가의 권력'

이라는 관점도 소중하겠지요.

‘국가주의’와 ‘인간주의’, ‘민중주의’는 아무래도 양립할 수 없습니다. 특히 진정한 불법자(佛法者)는 어디까지나 ‘민중의 편’에 섭니다. 마키구치 선생님, 도다 선생님도 그것 때문에 국가 권력의 탄압을 받으셨습니다.

나는 그 마음을 계승해서 ‘세계 민중의 연대’를 계속 구축하고 있습니다.

‘세계 최초의 금속활자’, ‘대장경’, ‘목면(木棉)’

SGI 회장 : 어쨌든 고려청자의 저 아름다운 ‘영원한 푸름’도 이러한 고난의 시기에 연마되고 완성되었습니다.

그 밖에 고려에서는 유럽보다 200년 앞서, 세계 최초의 금속활자를 발명하고 인쇄를 시작했습니다. 또 팔만대장경의 판목을 완성하고, 이 판목으로 팔만대장경을 인쇄하여 일본 등 해외로 수출했습니다.

156
/

한국의 국보인 '청자진사연화문표형주자', 1992년 도쿄후지미술관에서 공개되었다.

목화를 재배하여 목면도 만들었습니다. 이윽고 옷의 재료인 귀중한 '목면'이 하카다 등에 들어왔으며, 고려 현지의 발음대로 '모멘'으로 일본에 퍼졌다고 합니다.

한반도 사람들은 '강한 민족'입니다. 대륙과 이어진 지역이기 때문에 예로부터 무수히 침략을 받았습니다. 그러나 항상 외적과 싸워 승리하였고, 전 국토에 걸쳐 이민족의 지배를 받은 적이 없습니다.

수천 년 한국사에서 유일하게 일본의 식민지 시대(1910~1945년)만이 예외로 굴욕의 시기입니다.

이 정도로 강인한 저항의 역사는 유럽과 아시아 대륙 전체를 봐도 찾아보기 어렵다고 합니다.

남을 위해 진력하는 보살, 자신만 생각하는 축생

A : 식민지 시대의 권력자가 '약한 조선, 강한 일본'이라는 이미지를 고의로 넓힌 것은, 일본으로서는 식민지

지배에 유리했기 때문입니다.

SGI 회장 : 권력은 정보마저 좌우합니다. 예사로 거짓 말을 합니다. 그렇기 때문에 속으면 안 됩니다. '진실'을 백일하에 밝혀야 합니다.

학회는 '민중의 행복'을 위해 오로지 끝까지 살아왔습 니다. 보살·부처의 행동을 지역에서, 세계에서 계속 넓히 고 있습니다.

종문은 나쁜 권력으로 변해서 자신만 좋으면 된다는 '축생도'의 화신이 되어버렸습니다.

A : 방치해두면 이쪽까지 악에 물들고 맙니다. 투쟁하 겠습니다.

SGI 회장 : 지도자는 여러 상황을 '기회'로 포착하여 성 장해야 합니다. 광포를 위해, 민중을 위해 진지하게 고뇌 한다는 것은, 그 자체가 부처의 경애로 연결됩니다.

- 1992년 9월 13일

한복

아름다운 '한국의 마음'에 감사!

이케다 SGI 회장 : 간사이문화제는 대성공했습니다(간사이영광대문화제, 1994년 10월 23일). 누구나 빛났습니다. 그중에서도 모두를 더욱 감동시킨 것은 한국 멤버의 '부채춤'이었습니다.

연분홍빛 저고리에 아름다운 초원을 연상시키는 연녹색 치마.

천변만화한 부채춤은 화려하고도 우아하며, 미묘하면서도 고상합니다. 말로 다 표현할 수 없는 빛을 발합니다.

나도, 자리를 함께한 각국 내빈도 갈채 또 갈채를 보

냈습니다.

모두 아마추어인 영미세스라고 들었습니다. 아이 돌보기나 가사 때문에 힘든데도 여러 장애를 극복하고 연습했습니다.

일본에 오신 후에도 "우리는 문화제를 위해 왔습니다."라고 잘라 말하고, 관광도 모두 거절했다고 들었습니다.

나는 한국 멤버가 일본의 가을을 천천히 편안하게 즐기기를 바랐지만, 그 진지함에 감동받았습니다.

연기에도 그 '마음'이 배어났습니다. 찬란히 빛났습니다.

그 빛은 출연 멤버만이 아니라, 한국 전체의 승리를 상징했습니다.

A : 오랫동안 많은 문화제를 촬영해온 세이쿄신문사의 한 사진기자가 이렇게 말했습니다.

"한국 멤버의 웃는 얼굴이 가장 아름다웠다. 생명이 늘

161

름하게 빛났다. 사진기자로서 이렇게 좋은 표정을 지금까지 본 적이 없다."

SGI 회장 : 모두 그렇게 실감했을 것입니다.

이튿날(간사이·SGI 합동총회 이후) 한국 대표들과 만났습니다.

보내주신 전통 의상을 아내와 함께 입고 문자 그대로, 한국 분들의 진심에 감싸여.

전통 의상에 담긴 불굴의 '민족의 기개'
'문화은인'의 나라를 진심으로 존경

한복에 담긴 '피눈물의 역사'

A : 한국의 전통 의상은 품격이 있고 멋집니다.

SGI 회장 : 역사를 끝까지 살아온 의상입니다. 옷을 상

한민족의 기개가 담긴 한복을 입고. (1994년, 오사카 도다국제기념강당)

하로 나눈 기본형은 고대부터 변함없습니다.

(4세기부터 7세기 후반에 걸친) 고대 고분벽화의 인물과도 그리 다르지 않은 듯합니다. 옷에도 한민족의 강함이 나타나 있습니다. 아무리 타 민족에게 압박받고 침략당해도 자신들의 문화에 대한 긍지를 계속 지니며 전해왔습니다.

한국을 대표하는 지식인 이어령씨가 이렇게 썼습니다.

"숱한 파란과 수난의 한가운데에서도 자신의 길을 가다듬어온 저 한국 옷차림에는 찢기고 굶주리고 무너진 그 역사 속에서 피와 땀으로 얼룩진 민족의 기개가 결정(結晶)되어 있는 것 같다."(〈한국인의 마음〉)

이어령씨는 4년 전(1990년 9월), '서양회화명품전'(도쿄후지미술관 소장, 서울에서 개최) 개막식에 문화부장관으로서 참석했습니다(창립자인 SGI 회장도 한국을 첫 방문해 참석).

이어령씨는 "한국의 풍토가 오늘날의 한복을 만들었

다." "저고리 소매 끝, 치마 주름 하나에도 이 나라의 슬픈 역사가 새겨져 있다."고 썼습니다.

한민족은 강합니다. 예로부터 수많은 침략을 받으면서도 항상 외적에게 승리하고, 이민족의 압박을 물리쳤습니다.

몽고 침입 때도 당시 고려인은 계속 저항하여 전 국토가 점령하에 들어간 적은 없었습니다. 이러한 저항을 계속했기 때문에 몽고는 일본 침공을 뜻대로 이루지 못했습니다. 그런 의미에서도 한국은 은인의 나라입니다.

5000년 한국사에서 일본의 식민지 시대(1910~1945년)인 35년간만이 이민족에게 지배당한 예외적인 시기였습니다. 그동안에도 영웅적인 저항을 계속했습니다.

이러한 강인한 역사를 가진 나라는 유라시아 대륙 전체에서도 찾아볼 수 없습니다. 그 '강함'이 의상의 연면(連綿)한 전통에도 담겨 있습니다.

숨겨진 진실

A : 지금도 일부 일본인 중에는 '강한 일본인, 약한 조선인'이라는 차별의식을 지닌 사람이 있는데, 당치도 않군요.

SGI 회장 : 일본의 제국주의자에게는 그러한 사상이 유리했겠지요.

그러한 이미지를 모두에게 심어서 "그러니까 일본의 보호를 받아야만 평화도 지킬 수 있고 생활도 좋아진다."고 선전하며 자신들의 침략 행위를 정당화했습니다.

의도적으로 한반도의 영광스러운 역사와 문화를 숨기고, '거짓'을 내외에 계속 퍼뜨렸습니다.

실제로는, 예를 들면 일본 문화는 한반도의 은혜를 입어 성립되었다는 것이 엄연한 사실입니다.

벼농사, 청동기, 철기, 토목·관개(灌漑) 기술, 한자, 그리고 '불교'와 함께 뛰어난 회화, 조각, 음악, 무용, 건축

기술도 한반도에서 건너온 사람들에게 배웠습니다.

'미소(味噲: 된장)'도 한국어

SGI 회장 : 이 의상 하나만 보더라도 (나라현 아스카에 있는) '다카마쓰총(塚)'의 고분벽화에 그려진 인물의 옷과 똑같습니다. 고구려의 귀인이 매장되었다는 설도 있는데, 어쨌든 깊은 관계를 나타내는 유물입니다.

원래 '나라(奈良)'는 그 발음이 '국(國)'이라든지 '궁전', '왕'을 의미하는 고대 한국어라고 합니다. '아스카(飛鳥)'도 그렇다는 설이 있습니다. '가스가(春日: 봄날)'도, '하코네(箱根)'도, '무사시(武藏)'도 마찬가지입니다.

예를 들자면 한이 없을 정도로 각지에 한반도 문화의 발자취가 남아 있습니다.

'일본의 맛'의 전형(典型)이라고 하는 '미소(된장)'도 한국어입니다(이것은 고지엔廣辭苑 사전에도 명기되어 있다).

167

'모멘(木綿: 목면)'도 무로마치 시대에 한반도의 '목면'을 수입하고 나서 널리 쓰게 된 말입니다.

A : 가장 일본적이라고 여겨지는 것들에는 '한반도 문화'의 얼굴이 있군요.

SGI 회장 : 고대도, 근대도 일본은 국가주의가 강해지자 '한국 숨기기'를 했습니다. 정사(正史)인 《일본서기》의 서술 방식도 그렇고, 정확해야 할 교과서도 국가 정책에 따라 좌우되었습니다.

일본의 군국주의와 싸운 선사(先師)

SGI 회장 : 한국의 전통 의상은 여러 색을 사용했습니다. 그중에서도 흰색을 가장 좋아한다고 합니다. 예로부터 '백의민족'이라고 할 만큼 '흰색'을 애용했습니다.

그런데 일본인은 한반도에서 '황국신민화'를 추진하면서 한국적인 것은 전부 적대시했습니다. 그러한 가운데 여성의 하얀 치마저고리에 경찰이 먹물을 뿌리는 등 비도(非道)까지 자행했습니다. 그 밖의 폭거를 이루 다 헤아릴 수 없습니다. 짐승 같은 행위를 도저히 필설로 다 할 수 없습니다.

군대에 끌려간 내 아버지는 서울에 머무신 적도 있습니다. 아버지가 자주 "일본은 잔인하다. 저 횡포, 오만, 그런 일은 절대로 옳지 않다."고 하신 말씀을 잊을 수 없습니다.

이런 일본 군국주의에 맞서 투쟁하다 마키구치(牧口) 선생님도, 도다(戶田) 선생님도 감옥에 가셨습니다.

우리는 이런 선사(先師)들의 마음을 엄연히 계승하고 있습니다. 행동도 계승하고 있습니다.

한국에 대해서는 기회가 있을 때마다 '이야기'를 계속하겠습니다.

- 1994년 11월 9일

V

문화
대은의
나라

❀ 동양에서 '제2의 르네상스'를

❀ 손을 맞잡고 '문화세계 창조'를

❀ 청년의 외침으로 대지를 흔들어라

동양에서
'제2의 르네상스'를

존경하는 조영식 박사 내외분,

또 경희대학교의 여러 선생님, 그리고 참석하신 여러분,

위대한 '인간 교육자'이자 위대한 '평화의 개척자' 그리고 위대한 '문화의 창조자'이신 조 박사가 오늘 소카대학교에서 명예박사학위를 받으셨습니다.

이렇게 명예롭고 기쁜 일은 없습니다.

만강의 경의와 감사를 담아 경하드립니다. 진심으로 축하합니다.(큰 박수)

또 박사와 함께 격동의 반세기를 끝까지 싸워오신 귀 대학의 '어머니'이신 부인도 진심으로 축하합니다.(큰 박수)

'역사의 한 걸음'을

조 박사와 나는 전 세계에 공통의 우인이 있습니다.

토인비 박사도 그중 소중한 한 사람입니다.

4반세기 전, 나는 런던에서 토인비 박사와 대담을 나눴습니다.

대담이 무르익던 중, 텔레비전에서 어떤 나라의 정상회담을 화려하게 보도했습니다.

뉴스를 보면서 토인비 박사가 초연하게 말씀하셨습니다.

"우리의 대화는 화려하지 않을지도 모르겠습니다. 그러나 후세 인류를 위한 대화입니다. 미래를 위해 많은 것을 이야기합시다!"

그와 같은 의미로 조 박사를 맞이하여 귀 대학과 소카대학교가 서로 우정을 굳건히 맺은 오늘, 나는 21세기 한일 우호, 일한 우호에 그리고 신세기 젊은 세계 시민의

연대에 역사적인 첫걸음을 본격적으로 내디뎠다고 선언
합니다.(큰 박수)

흔들리지 않는 교육권을 — 사권분립(四權分立)

우리 창가교육의 창시자 마키구치(牧口) 초대회장이

이렇게 논했습니다.

"지진계는 대지의 진동을 받으면 더욱 완전한 부동상
태를 유지함으로써 진도를 측정할 수 있다.

마찬가지로 교육기관은 정치나 경제나 사상 등, 현실
사회가 동요하는 속에 있으면서 그 동요에 좌우되지 않
고 우뚝 솟아 사회를 이끌어가야만 한다."

내가 일찍이 "교육권을 입법·행정·사법의 '삼권'에서
독립시켜 '사권분립'을 해야 한다."고 주장한 까닭도 이
런 신조에서 나왔습니다.

또 그런 이유에서 어떠한 시대적 변동이나 국가 간의

이해마저 초월한 교육 교류를 단행해야 '지구협동사회'를 향한, 흔들리지 않는 다이아몬드 같은 기둥을 만들 수 있다고 믿습니다.

그런 의미에서 조 박사가 '세계대학총장회의'의 중심이 되어 장대한 교육의 네트워크를 구축하신 위업은 불멸의 광채를 발하고 있습니다.

또 1981년 유엔총회에서 제정한 '세계평화의 날'도 조 박사가 제창하여 실현했습니다.(큰 박수)

나아가 유엔이 1986년을 '세계평화의 해'로 지정해 냉전 종결의 전환점으로 만든 것 또한 박사가 제언하여 길을 열었습니다.

대은의 나라에 만행

우리가 신봉하는 니치렌불법(日蓮佛法)은 당시의 귀국에 대해 '일본의 스승의 나라'라고 말합니다.

말할 나위도 없이 불교도 귀국에서 전래되었습니다.

마키구치 회장의 대저서《인생지리학》에도 고대의 일본 문명은 대부분 한반도에서 배웠다고 나와 있습니다.

한 가지 예를 들면, 옛날 '무사시노'에서 존귀한 개척의 땀을 흘린 사람들도 귀국에서 온 선인(先人)이었습니다. 소카대학교와 소카학원이 있는 이곳입니다.

'무사시'라는 말도 한국어에서 유래했다고 합니다.

그 문화대은이 있는 '조용한 아침의 나라'에 거만하기 짝이 없는 축생도의 일본은 너무나 은혜를 모르는, 너무나 수치를 모르는 만행을 거듭 저질렀습니다.

조 박사의 청춘도 군국주의 일본의 비도(非道)하기 짝이 없는 침략으로 짓밟히고 유린당했습니다.

그리고 스물두 살 때는 학도병으로 일본군에 강제 징병되었습니다.

조 박사는 학도병 동지를 규합하여 항일투쟁을 감연

히 전개했습니다.

사자(獅子)는 언제 어느 때라도 사자로서 부르짖습니다. 다이아몬드는 어디에 있어도 다이아몬드로서 빛나는 법입니다.

젊은 박사는 투옥되어서 미동도 하지 않고 인류 천년의 미래까지 멀리 전망했습니다.

'문화 세계의 창조'라는 귀 대학의 높은 건학정신은 실로 옥중에서 박사가 가슴속에 밝힌 희망에 찬 불굴의 불꽃이었습니다.

비원(悲願)하던 해방을 쟁취한 후에도 조국의 수난은 계속됐습니다.

그 한복판에서 박사가 민중의 행복을 위해, 항구 평화를 위해 드높이 내건 확고한 빛이 바로 '교육'의 횃불이었습니다.

'평화의 방파제'

박사는 1951년 5월 29세 때, 사재를 모두 털어 귀 대학의 전신인 신흥대학을 개교했습니다.

전쟁이라는 파괴에 맞서 대학이라는 평화의 방파제를 남몰래 만들어오셨습니다.

소카대학교도 '평화의 요새'입니다.

그해 그달은 은사 도다 조세이(戶田城聖) 선생님이 제2대 회장에 취임한 달이기도 합니다.

한반도 민중의 고뇌에 가슴 아파했던 은사는 아시아의 안온을 위해 그리고 인류 공생을 위해 분연히 일어서 민중운동을 본격적으로 지휘하기 시작했습니다.

5월 3일, 회장 취임식에서 은사는 귀국의 한 부인을 연단에 초대해서 끌어안 듯이 격려했습니다. 그 모습은 지금도 제 뇌리에 새겨져 떠나지 않습니다.

은사가 처음으로 '지구민족주의'라는 비전을 내건 때

도 이때입니다.

세간은 공론(空論)이라고 비웃었습니다. 그러나 은사는 "어느 나라의 민중도 절대로 희생되면 안 된다. 세계의 민중이 함께 기뻐하고 번영해야 한다."고 역설했습니다.

'설령 맹인이 된다고 해도'

15세기 조선왕조의 황금기를 구축한 유례없는 명군 세종대왕은 틀림없이 귀 대학의 모토인 '문화 세계의 창조'를 체현(體現)한 대지도자입니다. 이 문화의 대왕이 탄생한 지 600주년 가절을 맞이한 올해, 조 박사 일행을 맞이하게 되었습니다.

"나라는 백성을 근본으로 한다." — 이러한 부동의 철학에 섰던 대왕이 극히 과학적이고 더욱 알기 쉬운 나랏글, 한글을 만들어 민중에게 문자와 교육의 자비로운 빛을 쏟은 일도 세계에 이름 드높은 역사입니다.

너무 많아 일일이 헤아릴 수 없는 대왕의 업적은 '민중을 위해'라는 일점에서 지도자가 모든 생명을 걸었을 때 현란한 인간 문화가 꽃핀다는 점을 보여줍니다.

한글 창제가 한창일 때, 세종은 학자들과 함께 밤을 지새우며 연구에 몰두한 나머지 건강을 해쳐 시력마저 약해지고 말았습니다.

건강을 염려한 신하의 진언에 세종대왕은 의연하게 대답했다고 합니다.

"문자를 창제해 민중의 눈을 열 수 있다면, 내 눈이 못 쓰게 되어도 괜찮다."

저도 '민중을 지킨다'는 마음으로, 오로지 민중을 위해 살아왔습니다.

또 차원은 다르지만, 대학 창립자는 교육이라는 성업(聖業)에 비장한 신념을 품고 있습니다.

'우리 대학이 반석같이 된다면, 그리고 우리 학생이 홀

륭하게 성장한다면, 내 몸은 어떻게 되어도 좋다.' 이것이 창립자의 마음입니다.

창립자의 마음은 창립자밖에 모릅니다. 나는 조 박사의 마음을 잘 압니다.

'학생들이 사회에서 훌륭하게 활약하고 있다. 얼마나 기쁜 소식인가. 또 불행하면 불행할수록 급히 달려가 격려해주고 싶다. 불행하든 행복하든 한평생 지켜본다.' — 어떤 의미에서 부모와 자식 이상의 관계입니다.

교육을 천직으로 정한 조 박사는 권력도, 부귀도, 영화도 안중에 없었습니다.

'인간 존엄'을 외치고 구속당하면서까지 독재정권과 정면으로 대결하신 투쟁도 유명합니다.

무슨 일이 있어도 학생을 지킨다, 교육을 지킨다 — 그 정신을 우리도 배우고 싶습니다.

목숨을 걸고 청년의 길을 열어가는 사자가 무엇이 두

렵겠습니까.

저도 마찬가지입니다.

역사 창조의 선장

"넓은 바다에서 배를 움직이는 사람은 승객이 아니라

선장이다." 이 말은 조 박사의 지언(至言)입니다.

그 말씀대로 귀 대학은 '역사 창조의 선장'이라는 기개

로 귀국이 전진하는 데 공헌하는 키를 힘차게 잡아왔습

니다.

개교하자 곧바로 학생들이 농촌 봉사활동을 추진한

것도 그 일환이었습니다.

젊은이들은 용감하게 산간벽지로 헤치고 들어가서 문

맹을 근절하고, 나아가 나무를 심는 등 녹화사업에 헌신

했습니다.

또 박사가 건립한 의료원은 가난한 사람에게 최첨단

진료를 무료로 베풀었습니다.

　재일동포 원폭 피해자를 20여 년에 걸쳐 무료로 진료하고 계속 격려하신 발자취도 대단히 존귀합니다.

'아시아의 황금 시기로 빛을!'

　일본의 오만한 국가주의를 열렬히 비판한 인도의 대시인 타고르. 그가 늠름한 한국 청년에게 보낸 시 한 수가 제 가슴에서 되살아납니다.(〈동방의 등불〉 — 라빈드라나드 타고르 저, 주요한 역,〈동아일보〉1929. 4. 2)

　일찍이 아시아의 황금 시기에

　빛나던 등불의 하나 코리아

　그 등불 다시 한번 켜지는 날에

　너는 동방의 밝은 빛이 되리라

타고르가 귀국에 의탁한 이 '휴머니즘의 등불'은 지금 조 박사에게 그리고 귀 대학에 환하게 이어지고 있습니다.

이 시를 새긴 시비(詩碑)가 아름다운 귀 대학의 캠퍼스에 세워져 있다고 들었습니다.

184

인간주의의 태양

'구안(具眼: 식견이 있는)의 선비'인 조 박사가 통찰하신 것처럼, 현대인은 물질적인 풍요 속에서 정신적 빈곤을 느끼고 있으며, 과학기술의 압도 속에서 나날이 왜소화되고 정보기술의 발전 속에서 인권이 유린되고 있습니다.

더욱더 요구되는 것은 박사가 외치시듯이, 교육을 근간으로 한 '인간혁명'이며 '제2의 르네상스'입니다.

성실한 인간 교육의 교류는 덧셈이라기보다 곱셈입니다.

저는 그 만남과 촉발 속에서 새로운 태양이 떠오르듯, 틀림없이 위대한 창조력을 서로 이끌어낼 수 있으리라고 생각합니다.

'믿음직스러운 형' 경희대학교와 '동생' 소카대학교가 함께 손잡고 인간주의 태양으로 동양을 비추며 '생명 존엄의 황금세기'로 빛내기를 진심으로 염원합니다.

끝으로 소중하고 소중한 조 박사 내외분과 참석하신 여러분이 더욱더 건승하시기를 깊이 기원합니다.

그리고 사랑하는 우리 소카대생의 늠름한 '젊은 지성의 도전'에 전폭적인 신뢰를 보내며, 축하 인사를 마치겠습니다.

감사합니다.(큰 박수)

— 1997년 10월 30일

V 문화대은의 나라

한국 경희대학교 '평화복지대학원'의 학생을 환영.
제2차 세계대전 당시 일본의 무도함을 사죄하고, 함께 아리랑을 노래.
(1998년 일본 도쿄 소카대학교에서)

V 문화대은의 나라

손을 맞잡고
'문화세계 창조'를

참으로 아름다운 '인간 교육의 최고 학부'

진심으로 존경하는 조영식 학원장 내외분, 조정원 총장을 비롯한 경희대학교 여러 선생님, 그리고 내빈 여러분,

"무릇 이 지상에 있는 것 중 대학만큼 아름다운 것은 없다."고 노래한 영국의 시인이 있습니다.

지금 제 가슴에는 이 시가 선명하게 되살아납니다.

고황산 기슭의 신록이 우거진 캠퍼스가 얼마나 웅장하고 화려합니까!

그리고 무엇보다 귀 대학에는 창립자 조 학원장이 내

건 '문화세계 창조'라는 고매한 건학이념이 찬연하게 빛나고 있습니다.

이 한없이 아름다운 '인간 교육의 최고 학부'에서 저는 지금 영광스러운 '명예철학박사'의 칭호를 받았습니다.

최대의 감사와 긍지로써 삼가 받겠습니다.

귀 대학에서 받은 영예는 저에게 각별히 고귀하고 감동적인 것으로 기쁘게 생각합니다. 진심으로 감사합니다.(큰 박수)

다가오는 '5월 18일'은 귀 대학의 영광스러운 개교기념일이라고 들었습니다.

반세기 동안 귀 대학은 세계 150개 대학과 교육 교류를 추진하고, 또 평화 탐구의 최전선을 개척했습니다.

'밝은사회운동'이라는 숭고한 민중 봉사의 전통도 유명합니다.

귀 대학은 바로 우리 소카대학교가 '위대한 형'이라고

우러러볼 만한 존재입니다. 아무쪼록 앞으로도 어린 동생인 소카대학교를 부디 잘 부탁합니다.

5·15 '스승의날'

오늘 '5월 15일'은 귀국에서는 뜻깊은 '스승의날'로 제자가 스승에게 또 학생이 교수에게 감사를 표하는 날이라고 들었습니다.

과연 이름 높은 '동방예의지국'이 아니고는 가질 수 없는 미풍입니다.

일본은 먼 옛날부터 귀국에게 여러 가지 문화를 배웠습니다.

여기서 저는 '스승의 나라'인 귀국에게 다시금 한없이 감사드립니다.

세계의 민중운동에 커다란 파동

제 인생의 스승 도다 조세이 선생님, 그리고 도다 선생님의 스승이자 '창가교육'의 창시자 마키구치 쓰네사부로 선생님도 문화대은의 귀국에 각별히 깊은 경애를 보냈습니다.

젊은 도다가 생애의 스승으로 마키구치 선생님을 모시기 시작한 때는 1920년 봄입니다.

즉, 불멸의 '3·1독립운동' 궐기로부터 1년 ─.

정의의 소녀 유관순이 "독립 만세!"를 외치다 장절하게 '전사'한 해입니다.

너무도 고귀한 귀국 청년들의 싸움은 중국의 '5·4운동'으로 연동되고, 이어서 간디의 비폭력 투쟁, 그리고 아시아와 아프리카 여러 나라의 독립운동으로 이어졌습니다.

우리 '창가교육'의 정신투쟁도 이 '3·1운동'을 근원으로 하는 세계 민중운동의 조류(潮流) 속에서 길러졌습니다.

젊은 날 학원장이 옥중에서 항일의 금강(金剛) 같은 신념을 관철하신 때와 같은 시기, 스승 마키구치와 제자 도다도 일본의 국가악과 대결하다 투옥되었습니다. 그리고 마키구치 선생님은 73세에 옥사했습니다.

국가주의적 교육

일본인의 편협한 섬나라 근성을 증장시킨 큰 요인은 확고한 철학이 없다는 점과 '국가주의'라는 왜곡된 교육에 있습니다.

저는 '인간주의' 철학과 교육의 연대를 세계에 펼쳐왔습니다.

학원장의 벗이자 저의 벗이기도 한 로마클럽의 창립자 페체이 박사와도 대담집에서 서로 논했습니다.

요컨대 긴박한 시대상황을 정시하면서 "새로운 생명철학을 구축하고, 흔들리지 않는 인류의 '지혜의 기둥'을 확립해야 한다." 그리고 "교육의 교류로 낡은 국가의 틀에서 벗어나 점진적으로 상호협력하는 지역공동체를 형성하고, 더불어 살아가고 더불어 번영해야 한다."고.

'세계평화의 날', '평화의 해' 제정

조 학원장은 냉엄한 냉전시대이던 1981년 코스타리카에서 개최된 세계대학총장회의에서 유엔이 정한 '세계평화의 날'과 '평화의 해'의 제정을 제창했습니다.

그리고 총장회의의 총의를 모은 안을 유엔이 채택하도록 목숨을 걸고 동분서주했습니다.

학원장은 유엔본부가 있는 뉴욕에 갈 때 부인에게 이렇게 말했다고 합니다.

"결의안이 통과되지 않으면 돌아오지 않겠다."

사실 그때 학원장은 품에 단도를 안은 채, 유서까지 준비했다고 들었습니다.

만일 실현되지 않을 경우에는 자신의 목숨마저 끊을 결심이었습니다.

그 정도로 준엄하고 열렬한 학원장의 각오와 일념이 있었기에 귀 대학의 꽃인 '목련'처럼 평화 선구의 꽃을 늠름하게 피울 수 있었습니다.

유엔이 '세계평화의 날'을 결정하고, 1986년에 '평화의 해'를 제정한 것이 '냉전 종결'에 얼마나 큰 파동을 일으키고, 전 세계 사람들의 의식을 결집시켰는가.

저도 그해 연두에 발표한 평화 제언에서 '평화의 해'의 의의를 언급하고, 더욱 광범위한 행동을 전개했습니다.

지난해(1997년) 가을 11월, 학원장은 소카대학교에서 인자한 아버지같이 말씀하셨습니다.

"앞으로는 '환태평양 시대'입니다. 한국, 중국, 일본이 힘을 합하여 유럽연합(EU)과 같은 지역공동체를 만들어야 합니다."

토인비 박사도 제게 이 삼국을 기축으로 한 동아시아에 거는 기대를 강하게 말했습니다.

또한 유럽연합에서는 지역 간 교육 교류가 눈부시게 발전하고 있습니다.

유럽의 800만 대학생 가운데 40퍼센트에 이르는 학생이 유럽 내 다른 국가로 유학할 수 있는 계획도 추진하고 있다고 합니다.

'미소 짓는 사자'

어쨌든 오늘부터 저도 영예로운 귀 대학의 일원으로서 저 '미소 짓는 사자'처럼 '제2의 르네상스'를 목표로 나가겠습니다.

그리고 한일 양국과 아시아·환태평양의 청년을 위하여 '교육'과 '철학'의 대도(大道)를 더욱 깊게, 더욱 넓게 열어갈 것입니다.

195

그 일환으로 미국 소카대학교도 건설하고 있습니다.

끝으로 진심으로 경애하는 '경희대학교'가 그 고귀한 이름처럼 21세기를 향해 무한한 영광으로 둘러싸여가기를 염원합니다.

그리고 세계 교육계의 지고한 보배이신 학원장 내외분을 비롯하여 참석하신 여러분 모두 더욱더 건강하고 장수하시기를 진심으로 기원하며 인사를 대신하겠습니다.

감사합니다.(큰 박수)

- 1998년 5월 15일

청년의 외침으로
대지를 흔들어라

거짓을 간파하라!

위대한 문화도시 경주가 낳은 9세기 '한국 문학의 시
조' 최치원은 이렇게 읊었습니다.

욕변진여위(欲辨眞與僞: 참과 거짓을 가리고자 한다면)
원마심경간(願磨心鏡看: 원컨대 마음의 거울을 닦고 보시오.)

무엇이 '진실'이고 무엇이 '거짓'인가.
무엇이 '정의'이고 무엇이 '사도(邪道)'인가.
그 일체를 엄연하게 가리기 위해 '마음의 거울'을 닦아라! 갈고닦은 안목을 가져라! ―

경주 대시인의 정신은 천년 이상의 세월을 넘어 이렇게 호소했습니다.

서양에서 이탈리아 반도가 르네상스의 진원지였듯이, 귀 한반도는 '동양의 르네상스'라고도 할 장대한 '인간문화를 창조한 천지'입니다.

조금 전에 이탈리아 르네상스의 거인 레오나르도 다 빈치상(像) 제막식을 소카대학교 본관 홀에서 성대하게 거행했습니다. 참으로 축하합니다!(큰 박수)

이 다 빈치상은 특히 눈이 훌륭합니다.

제막식에 참석한 학생들도 그렇게 느꼈습니다.

다 빈치는 "눈은 혼의 창이다."라고 말했습니다.

다 빈치의 눈 ― 그것은 삼라만상을 꿰뚫어보는 '탐구의 눈'이며, 생생하게 살아 빛나는 '창조의 눈'입니다. 그리고 그 어떤 것도 겁내지 않는 '신념의 눈'이며, 원대한 미래를 전망하는 '철학의 눈'입니다.

여러분도 그런 눈을 갖기 바랍니다.

저는 특히 한국 분들의 '눈빛'에 끌립니다.

그 눈길에는 '용기'가 빛나고, '성실'이 빛나고, '정열'이 빛납니다. 그리고 '희망'이 빛나기 때문입니다.(큰 박수)

모든 소카대생과 함께 명예시민 칭호를

진심으로 존경하는 이 시장과 충청대학교 정 학장을 비롯한 한국의 여러 선생님, 그리고 교환교수 여러분, 나아가 평소에 소카대학교를 받쳐주시는 공로자 여러분 그리고 참석해주신 모든 여러분.

저는 지금 동양이 세계에 자랑하는 국제문화도시 경주시로부터 최고로 빛나는 '명예시민 칭호'를 받았습니다.

경주시는 예로부터 천년에 걸친 신라왕조를 중심으로 번영한 '역사'와 '로망'의 고도(古都)입니다.

그리고 지금 이 시장의 걸출한 지도력 아래, 새 천년을 향하여 이상적인 전진을 계속하는 '활력'과 '조화'의 도시입니다.

인류의 보배인 '환경도시'에서 주신 영예를 저는 신세기를 담당할 모든 소카대생, 단대생, 통신교육부 과정 학생과 함께 더할 나위 없는 기쁨으로 삼가 받았습니다.

참으로 감사합니다.(큰 박수)

'대학'도 '법화경'도 신라에서

그런데 경주를 도읍으로 한 '신라'의 이름은 어디서 유래하는가?

한국의 역사서 《삼국사기》에 따르면 '신라'의 '신'자는 '덕업(德業)이 나날이 새로워진다'는 의미입니다.

그리고 '신라'의 '라'는 '사방을 망라한다'는 의미가 있습니다.

그 이름처럼 신라의 청신(清新)한 문화는 아침 햇살처럼 일본의 구석구석까지 비추었습니다.

원래 고대 일본의 '대학'이라는 교육제도는 물론 '대학'이라는 명칭 자체도 신라에서 배운 것이라고 합니다.

한 예로 8세기 중반에는 신라에서 온 사신이 일본 측 요청에 답하여 대승불교의 정수인 '법화경' 1부 8권을 가져왔다는 기록도 남아 있습니다. '정창원문서'에 명확히 기록되어 있습니다.

이러한 문화대은은 일일이 다 말할 수 없을 정도입니다.

지난해 가을 이 시장의 진두지휘 아래 '경주세계문화엑스포(박람회)'가 성대히 개최되었습니다.

약 한 달 동안 전 세계에서 300만 명이 넘게 방문한 역사적인 대성공을 진심으로 축하합니다.

창가학회에서도 규슈와 간사이 그리고 도쿄의 문화친선교류단이 참가했습니다. 모두 뜨거운 감동을 전했습니다.

교류단은 이때 예방한 경주시에서도 또 충청대학교에서도 이 시장과 정 학장에게 그야말로 눈물이 나올 듯한 정성이 담긴 환영을 받았습니다.

이 자리를 빌려 두 분에게 다시금 감사의 예를 드립니다.(큰 박수)

더불어 내년(2000년) 귀국에서 여는 '아시아유럽정상회의'에 맞추어 개최하는 제2회 '경주세계문화엑스포2000'이 크게 성공하기를 깊이 기원합니다.

꽃처럼 아름다운 젊은 무사의 마음

경주는 역사상 이름 높은 '교육의 도시'이자 '인재의 도시'이며 그리고 '청년의 도시'입니다.

이전에 경주 인근의 언덕에서 작은 돌에 새겨진 고대의 금석문이 발굴되었습니다.

거기에는 아득한 신라시대의 두 청년이 "우리는 충의 (忠義)의 도를 끝까지 지키자." "학문의 원전(原典)을 배우고 또 배우자."고 하늘에 맹세한 글이 있었습니다.

신라의 인재 육성 기관인 '화랑도'도 매우 유명합니다.

그것은 서양의 '기사도'와도 상통하는, 명예로운 '꽃처럼 아름다운 청년 지도자'를 훈도하는 조직이었습니다.

"사귐에는 믿음이 있어야 한다!" — 우정에는 신의를 관철하라!

"싸움에 임해서는 물러서지 마라!" — 어떤 것도 두려워하지 마라, 용맹하여라!

이렇게 서원한 '화랑정신' — 꽃처럼 아름다운 젊은 무사의 기상은 지금도 경주를 비롯한 귀국 분들의 가슴속 저 깊은 밑바닥에 맥맥이 고동치고 있습니다.

한편 일본은 '혼'이 죽은 사회가 되고 있습니다.

금세기 귀국을 침략한 흉악하고 비열한 일본. 저는 귀

국에 잠시 머문 적이 있는 아버지에게서 그 비도함을 들었는데, 어린 가슴에 선명하게 새겨졌습니다.

그 항일투쟁의 선봉을 끊으며 수많은 투사가 용감하게 뛰어나온 곳이 경주입니다.

여러분은 이번 '소카대제(創價大祭)'의 테마를 '창조의 세기로 — 대지를 뒤흔드는 우리의 개가(凱歌)'라고 내걸었습니다.

분명히 지금 세계의 최첨단은 '창조' — 가치 창조가 21세기의 키워드로 일치해가고 있습니다.

그러면 '개가'를 올리려면 무엇이 필요한가. '대지 흔들기'에는 무엇이 필요한가.

그것은 '행동'입니다. '실행'입니다. 일체를 내던진 '투쟁'입니다.

지금 배우고 또 배워 실력을 쌓고 또 쌓아 현실사회에 뛰어나가 마치 '대지를 뒤흔드는' 정의로운 역사를 만들

어주시기 바랍니다. 일본에서! 세계에서!(큰 박수)

눈 내리는 날의 '선언'

지금 제 마음에는 80년 전, 한국의 용감한 청년이 대지를 뒤흔든 '정의의 개가'가 울려 퍼집니다.

바로 1919년 2월 8일 토요일의 일입니다.

그날 도쿄에는 30년 만에 큰 눈이 내렸습니다. 눈이 내리는 가운데 귀국의 유학생 400여 명(600명이라는 설도 있다)이 도쿄의 간다에 결집하여 어떠한 협박에도 물러서지 않고 귀국의 '독립 선언'을 당당하게 발표했습니다.

말하자면 '독립 만세'를 드높이 외쳤던 것입니다.

전체주의인 일본의 강권사회 속에서의 이 용기!

그 나라의 장래에 그리고 세계의 미래에 '유학생'이라는 존재가 얼마나 중대한가.

저는 조금 전 있었던 유학생 여러분의 연기에 깊이 감

동하면서 주시했습니다. 유학생 여러분, 참으로 감사합니다!(큰 박수)

80년 전, 귀국의 유학생에게는 '투쟁하는 마음'이 있었습니다.

악과 '투쟁하는 마음'이 없으면 청년이 아닙니다. 참된 소카대생이 아닙니다. 안일과 보신, 자신의 명문 명리만 생각한다면 무엇을 위한 학문이겠습니까?

'지식'을 빛내는 것도 '혼'입니다. 정의를 위해, 평화를 위해 스스로 고난의 길을 구하고 고난을 이겨내는 인생이기를 바랍니다. 저도 그렇게 해왔습니다. 제 뒤를 잇기 바랍니다.(큰 박수)

유학생은 사악(邪惡)을 맹렬하게 반격하는 사자후를 발했습니다.

즉, "한국에 대한 일본의 행위는 사기와 폭력에서 나왔을 뿐 아니라 이런 사기 행위의 성공은 세계 흥망 사상

특필할 만한 인류의 치욕이라고 말하지 않을 수 없다."

"우리 민족은 생존의 권리를 되찾기 위해 자유를 위한 모든 행동을 취하고, 최후의 한 사람에 이르기까지 자유를 위해 뜨거운 피를 흘릴 것을 사양하지 않는다."

"건국 이래 문화와 정의와 평화를 애호하는 우리 민족은 세계의 평화와 인류의 문화에 공헌할 것이라고 믿는다."(2·8 독립선언문)

이 고매한 철학성과 사상성의 논조는 '아시아의 인권선언'이라고 불립니다.

젊은이는 이 '선언서'를 당시의 오만하기 짝이 없는 일본의 국회의원과 정부 요인 그리고 매스컴과 학자, 각국의 대사관 등에 의연하게 보냈습니다.

이 행동! 단호한 비폭력 언론 투쟁입니다.

'지금도 일본은 질투한다. 돈벌이에 수단을 가리지 않는다.' ― 인권을 무시하는 한심한 일본입니다.

한국의 유학생들은 박해를 본디 각오했습니다.

설령 살해당해도 단연코 신념을 관철한다 ― 이것이 창가(創價)의 혼입니다. 이 기개를 키우지 않으면 소카대학교가 존재할 의의가 없습니다.

한국의 유학생들은 고등경찰에 잡혀가 차례로 투옥되었습니다. 그러나 그 속에서 한 고귀한 여학생이 위험을 무릅쓰고 '독립선언서'를 품에 지니고 바다를 건너 그 결사(決死)의 신념을 조국의 벗에게, 동지에게 전했습니다.

여성의 용기는 위대합니다.

목숨도 아끼지 않고 철저히 투쟁하는 청춘의 혼이 발화점이 되어 본국에서 '3·1독립운동', 즉 1919년 3월 1일에 시작된 독립을 향한 투쟁으로 크게 불타오르고, 이윽고 한국 전 국토에서 민중의 궐기를 촉구했습니다.

혼이 혼에 점화

그리고 귀국 청년이 지닌 '선구의 용기'는 중국으로 번져 같은 해 1919년 5월 4일에 시작되는 저우언라이(周恩來) 청년들의 5·4운동이라는 민중운동에 불을 붙였습니다. 더 나아가 마하트마 간디의 비폭력 투쟁으로까지 연동되었습니다.

우뚝 선 인간이 지닌 '일념'의 힘은 그렇게 위대합니다.

한층 더 나아가 10년 전 '베를린 장벽의 붕괴', 동서 냉전의 종결에 이르는 20세기 민중 투쟁. 그 큰 연원 중 하나는 말할 것도 없이 귀국 유학생들의 생명을 건 개가에 있었습니다.

역사적인 이 사실을 저는 후세를 위해 드높이 선양하고 싶습니다.(큰 박수)

그리고 지금 눈앞에 다가온 '창조의 세기'. 이 신세기의 '평화', '문화', '인도(人道)'의 개척은 도대체 어디서 시작해야 하는가?

저는 그것이 한국을 비롯한 세계의 청년과 연대하는 소카대생 여러분의 '우리의 개가'에서 시작된다고 호소합니다.

이웃 나라 한국 또 중국과 우호를 맺지 않으면 일본이 살아갈 길은 없습니다.

승리하기 위해서 강하게

며칠 전 김대중 대통령 영부인이 보내주신, 영광스럽게도 서명이 들어 있는 《내일을 위한 기도》를 받았습니다.

이전에 탄압으로 사형선고를 받고 감옥에 수감되어 있던 김 대통령 앞으로 영부인이 약 1년간 매일 보내신 편지를 수록한, 감동의 눈물을 억누르기 어려운 책입니다.

토인비 박사의 '도전과 응전'의 이념을 인생의 지주로 삼아오신 영부인은 감옥에서 투쟁하는 김 대통령에게 이렇게 말했습니다.

"참을 수 없을 만큼의 고난이 뒤따라야 비로소 올바르게 살아갈 수 있습니다. 고난을 받는 사람이 없으면 의(義: 정의)로 가득 찬 평화로운 장소를 마련할(건설할) 수는 없습니다."

그리고 "힘들고 괴로운 일도 많겠지만, 조금 더 참고 승리하기 위해 마음을 강하게 해주세요."라고.

아무튼 자신이 강해져야 합니다.

자신이 현명해져야 합니다.

이것이 제가 내린 결론입니다.

남이 어떻고 세간이 어떻고 그런 것은 관계없습니다. 누구에게도 의지하지 않습니다. 기대지 않습니다.

반대로 자기 자신이 모든 이에게 의지가 되는 힘 있는 '인간의 왕자(王者)', '생명의 승리자'가 되시기 바랍니다.

고난을 피하는 약삭빠른 인간은 훌륭한 지도자가 될

수 없습니다.

어떠한 고난이 있어도 부모님을 안심시켜드리는 총명한 여러분이기를 바랍니다.

오늘의 소카대제를 기념하여 레오나르도 다 빈치의 잠언을 여러분에게 보내드립니다.

"악을 제거하기 위해 할 수 있는 모든 방법을 동원하라!"

"털이불 속에서 잠자고 이불 속에 파묻혀 있다면, 너는 명성을 얻지 못할 것이다."

끝으로 제 마음의 고향인 경주시를, 그리고 경애하는 대한민국의 미래 영겁에 걸친 영광과 승리를 진심으로 기원하며 저의 답례 스피치를 대신하겠습니다.

대한민국, 만세!

감사합니다. (큰 박수)

- 1999년 11월 1일

V 문화대은의 나라

개정판

감사합니다 한국

초판 1쇄 발행 2019년 11월 18일

저자 | 이케다 다이사쿠(池田大作)
발행인 | 이동한
번역 | 화광신문사

발행 | (주)조선뉴스프레스
제작관리 | 이성훈, 정승헌
판매 | 박미선, 최종현, 박경민
등록 | 제301-2001-037호
등록일자 | 2001년 1월 9일
주소 | 서울시 마포구 상암산로 34 DMC 디지털큐브빌딩 13층
편집 문의 | 02-724-6830 / 구입 문의 | 02-724-6796, 6797
가격 | 12,000원
ISBN | 979-11-5578-481-5
-

이케다 다이사쿠(池田大作)

1928년 도쿄 출생. 창가학회 명예회장. 국제창가학회(SGI) 회장, 소카대학교, 미국 소카대학교, 소카학원, 민주음악협회, 도쿄후지미술관, 동양철학연구소, 도다기념국제평화연구소 등을 창립. 세계 각국의 식자와 지성인과 대화를 거듭, 평화·문화·교육 운동을 추진. 유엔 평화상. 모스크바대학교, 글래스고대학교, 베이징대학교 등 세계 대학·학술기관의 명예박사, 명예교수칭호, 세계 각 도시의 명예시민칭호, 더욱이 계관시인·세계민중시인의 칭호, 세계계관시인상 등 다수 수상했다. 저서는《인간혁명》(전12권),《신·인간혁명》(현 23권),《나의 세계교우록》등. 대담집도《21세기를 여는 대화》(A.토인비),《인간혁명과 인간의 조건》(앙드레 말로),《20세기 정신의 교훈》(M.고르바초프),《지구대담 빛나는 여성의 세기로》(H.헨더슨) 등 다수가 있다.